Das große Test- und Trainingsbuch Spanisch

Carmen Ramírez-Ibáñez,
Harda Kuwer, Elisabeth Graf-Riemann
und Raquel Muñoz Jofré

Das große Test- und Trainingsbuch Spanisch

Erfolgreiches Lernen in Frage und Antwort

AXEL JUNCKER VERLAG

Die Autorinnen:
Carmen Ramírez-Ibáñez hat in Lima/Peru und Chicago/USA studiert und arbeitet seit vielen Jahren in der Erwachsenenbildung als Dozentin für Spanisch in München. Sie ist darüber hinaus sehr engagiert in der lateinamerikanischen Kulturszene.
Harda Kuwer ist Diplom-Übersetzerin und arbeitet als Sprachlehrerin, Autorin und freie Übersetzerin in München.
Elisabeth Graf-Riemann hat Romanistik studiert und arbeitet seit vielen Jahren als Dozentin in der Erwachsenenbildung, Übersetzerin, Lektorin für verschiedene Verlage und Autorin von Lehrwerken für Spanisch und Portugiesisch.
Raquel Muñoz Jofré ist in Chile geboren und dort als Lehrerin ausgebildet. Seit ihrer Übersiedelung nach Deutschland ist sie als Spanischdozentin in der Erwachsenenbildung und Autorin von Lehrwerken tätig.

Umwelthinweis: gedruckt auf chlorfrei gebleichtem Papier

Umschlaggestaltung: Greenstuff, München
Zeichnungen im Innenteil: Ruth Botzenhardt/Werkstatt Gillhofer, München, und Hans-Jürgen Kummer, Oberasbach

Druck: Graphische Betriebe Langenscheidt, Berchtesgaden
Printed in Germany
ISBN 3-558-72021-0

1 • 99

Inhalt

Vorwort		7
Teil I:	Wortschatz & Grammatik	9
Teil II:	Land & Leute	153
Teil III:	Wissenswertes & Amüsantes	255

Vorwort

Mit diesem Band können Sie auf unterhaltsame Weise Ihre Spanisch-Kenntnisse testen und gleichzeitig verbessern. Nicht stures Pauken von Vokabeln ist gefragt. Vielmehr finden Sie hier weit über hundert amüsante Testfragen und die entsprechenden witzigen und informativen Lösungen, mit denen Sie Ihre Sprachkenntnisse locker trainieren.

Der Band gliedert sich thematisch in drei Teile:
Teil I umfasst Übungen zu Wortschatz und Grammatik. Mit Lückentests, Multiple-Choice-Fragen, Übersetzungsübungen u. a. können Sie testen, wie fit Sie in Wortschatz, Grammatik und Rechtschreibung sind.
Teil II widmet sich der Landeskunde und testet Ihr Wissen über Land und Leute – und natürlich Ihre Sprachkenntnisse.
Teil III beinhaltet »Wissenswertes & Amüsantes« wie beispielsweise Sprachspielereien, Zungenbrecher, Redewendungen, Sprichwörter, Rätsel, Witze, Rezepte und vieles mehr.

Die Konzeption ist einfach und überzeugend: Jeweils auf den rechten Seiten stehen die spanischen Testfragen samt Übersetzungshilfen. Um Ihre Antworten überprüfen zu können, blättern Sie lediglich um und finden auf den folgenden linken Seiten die Lösungen der Aufgaben. Die Kürze der Lerneinheiten ermöglicht ein zwangloses Arbeiten auch unterwegs oder wenn wenig Zeit zur Verfügung steht.

Damit Sie angesichts einer Flut unbekannter Vokabeln nicht gleich ins Schwimmen kommen, werden schwierige Wörter am Ende jeder Testfrage mit der deutschen Übersetzung angegeben. Falls Sie darüberhinaus anderen unbekannten Wörtern begegnen, empfehlen wir Ihnen, diese in einem Wörterbuch nachzuschlagen, damit Ihnen der Sinnzusammenhang klar wird.

Sollten Sie dennoch Probleme haben, den Sinn einer Testfrage zu verstehen, finden Sie die deutsche Übersetzung jeweils auf der nächsten Seite vor der Lösung. Also einfach nur umblättern, wenn Sie mal eine Frage nicht verstehen.

Und nun viel Vergnügen bei diesem etwas anderen Sprachtraining!

Wortschatz & Grammatik

1

En busca de errores

¡Identifique y corrija los errores en las siguientes frases!

1. Me siento en la mesa. ______________________

2. Vengo de Juan. ______________________

3. Tengo afición por la música. ______________________

4. Protestamos de los impuestos. ______________________

5. He soñado de ti. ______________________

6. El piensa mucho a ti. ______________________

2 ¡Todo lo contrario!

¡Escriba lo contrario de los siguientes términos!

1. verdad ______________________

2. optimismo ______________________

3. amor ______________________

4. pobreza ______________________

5. alegría ______________________

6. enfermedad ______________________

1 Fehlersuche

Finden und korrigieren Sie die Fehler in den folgenden Sätzen!

1. Ich setze mich an den Tisch.
2. Ich komme von Juan.
3. Ich begeistere mich für Musik.
4. Wir protestieren gegen die Steuern.
5. Ich habe von dir geträumt.
6. Er denkt viel an dich.

► Lösung

1. **Me siento *a* la mesa.**
2. **Vengo *de casa de* Juan.**
3. **Tengo afición *a* la música.**
4. **Protestamos *contra* los impuestos.**
5. **He soñado *contigo.***
6. **El piensa mucho *en* ti.**

Da hilft kein Kopfzerbrechen, sondern nur auswendig lernen! Am besten, Sie lernen die Präpositionen gleich mit den Verben.

2 Ganz im Gegenteil!

Schreiben Sie das Gegenteil der folgenden Begriffe!

1. Wahrheit
2. Optimismus
3. Liebe
4. Armut
5. Freude
6. Krankheit

► Lösung

1.	**mentira**	Lüge
2.	**pesimismo**	Pessimismus
3.	**odio**	Hass
4.	**riqueza**	Reichtum
5.	**tristeza**	Traurigkeit
6.	**salud**	Gesundheit

3 *¿S o X?*

¡Coloque la *S* o la *X* en los espacios de las siguientes palabras!

1. e _ poner
2. e _ tranjero
3. e _ cursionista
4. cone _ ión
5. e _ cultura
6. e _ currir
7. e _ cesivo

4 Dame la mano

La mano tiene cinco dedos
y cada uno tiene un nombre.
¿Conoce usted los nombres?

1. el _ u _ g _ r
2. el í _ d _ c _
3. el _ e _ i _
4. el a _ u _ a _
5. el _ e _ i _ u _

3 *S* oder *X*?

Setzen Sie *S* oder *X* in die Leerstellen der folgenden Wörter ein!

▶ Lösung

1. **exponer** ausstellen
2. **extranjero** Ausland, Ausländer
3. **excursionista** Ausflügler
4. **conexión** Verbindung
5. **escultura** Skulptur
6. **escurrir** abtropfen
7. **excesivo** exzessiv

Wörter mit ***S*** und ***X*** richtig zu schreiben ist im Spanischen ein schwieriges Unterfangen, zumal das **X** vor Konsonanten wie **S** ausgesprochen wird.

Und noch ein Wort zur Aussprache: **S** + Konsonant am Wortanfang kann von einem Spanier nur ausgesprochen werden, wenn noch ein **E** davorgestellt wird. Und so heißen denn: Stress **estrés**, Ski **esquí,** Stopp **estop**, Spray **espray,** Snob **esnob,** Skandal **escándalo,** Slip **eslip,** Slogan **eslogan** und Striptease **estriptis**.

4 Reich mir die Hand

Die Hand hat fünf Finger, und jeder hat einen Namen. Kennen Sie die Namen?

▶ Lösung

1. **el pulgar** der Daumen
2. **el índice** der Zeigefinger
3. **el medio** der Mittelfinger
4. **el anular** der Ringfinger
5. **el meñique** der kleine Finger

5

Jugando

Complete las frases siguientes con uno de estos dos verbos:
jugar – tocar

1. Los niños ______________ en el jardín.

2. María ______________ el piano desde que era niña.

3. A mi marido le gusta ______________ al ajedrez.

4. A mí me gusta ______________ la guitarra.

5. ¿ ______________ (nosotros) a los naipes?

6 Un poco de lexicología

¡Complete las relaciones!
Hombre es a antropología como ...

1. ruinas a	**a)** ecología
2. tiempo a	**b)** paleontología
3. medio ambiente a	**c)** oftalmología
4. fósiles a	**d)** cardiología
5. ojos a	**e)** cronología
6. corazón a	**f)** arqueología

5 Spielend

Ergänzen Sie die folgenden Sätze mit einem der beiden Verben: jugar – tocar (spielen)

1. Die Kinder spielen im Garten.
2. Maria spielt Klavier seit ihrer Kindheit.
3. Mein Mann spielt gern Schach.
4. Ich spiele gern Gitarre.
5. Spielen wir Karten?

▶ Lösung

1. **juegan**
2. **toca**
3. **jugar**
4. **tocar**
5. **jugamos**

Wenn *spielen* in Verbindung mit einer Sportart oder einem Spiel gebraucht wird, heißt es auf Spanisch **jugar**. Spielt man hingegen ein Instrument, heißt es auf Spanisch **tocar**. Spielend leicht, oder?

6 Etwas Lexikologie

Ergänzen Sie die Beziehungen!
Mensch verhält sich zu Anthropologie wie ...

1. Ruinen zu	**a)** Ökologie
2. Zeit zu	**b)** Paläontologie
3. Umwelt zu	**c)** Ophthalmologie
4. Fossilien zu	**d)** Kardiologie
5. Augen zu	**e)** Chronologie
6. Herz zu	**f)** Archäologie

▶ Lösung

1. f) 2. e) 3. a) 4. b) 5. c) 6. d)

7

¡Escuchen!

Oír o escuchar, ¿cuál es el verbo correcto?

1. Me gusta ________________ el ruido de las olas del mar.

2. He ________________ de casualidad que te has casado.

3. A Pepe le gusta ________________ la música clásica.

4. Yo ________________ que llega el ascensor, debe ser mi hermana.

8 En la huerta

Lo que le gusta más a Vicente es la fruta.
¿Qué árboles tiene que plantar para obtener la siguiente fruta?

1. manzanas el ________________

2. peras el ________________

3. melocotones el ________________

4. cerezas el ________________

5. higos la ________________

6. limones el ________________

7 Herhören!

Oír hören oder **escuchar** hören – welches ist das richtige Wort?

1. Ich höre gern dem Rauschen der Meereswellen zu.
2. Ich habe zufällig gehört, dass du geheiratet hast.
3. Pepe hört gern klassische Musik.
4. Ich höre, dass der Aufzug kommt – das muss meine Schwester sein.

▶ **Lösung**

1. **escuchar**
2. **oído**
3. **escuchar**
4. **oigo**

Oír bedeutet hören als sinnliche Wahrnehmung, **escuchar** bedeutet gezieltes Hören im Sinn von zuhören, horchen.

8 Im Obstgarten

Vicente isst am liebsten Früchte.
Welche Bäume muss er pflanzen, um das folgende Obst zu bekommen?

1. Äpfel
2. Birnen
3. Pfirsiche
4. Kirschen
5. Feigen
6. Zitronen

▶ **Lösung**

1. **manzano**	Apfelbaum
2. **peral**	Birnbaum
3. **melocotonero**	Pfirsichbaum
4. **cerezo**	Kirschbaum
5. **higuera**	Feigenbaum
6. **limonero**	Zitronenbaum

9

¿Por o para?

¡Coloque *por* o *para*!

1. La región de La Rioja es famosa ________ su vino.
2. Este ramo de flores es ________ ti.
3. Brindo[1] ________ tu éxito.
4. He comprado esta guitarra ________ mil marcos.
5. Iré a la agencia de viajes ________ recoger los billetes.

[1] **brindar** anstoßen, zutrinken

10 Fin bueno, todo bueno

¡Coloque usted los siguientes sufijos!

sexual	fobia	logía	fono	cracia

1. buro________
2. hidro________
3. telé________
4. geo________
5. homo________

9 Por oder para?

Setzen Sie por oder para ein!

1. Die Region La Rioja ist berühmt durch ihren Wein.
2. Dieser Blumenstrauß ist für dich.
3. Ich stoße auf deinen Erfolg an.
4. Ich habe diese Gitarre für tausend Mark gekauft.
5. Ich werde zum Reisebüro gehen, um die Tickets abzuholen.

▶ Lösung

1. por 2. para 3. por 4. por 5. para

Spanischlernenden bereiten **por** und **para** stets Schwierigkeiten. Während **para** Ziel und Zweck angibt, steht **por** in Verbindung mit der Ursache bzw. dem Grund für etwas. Auch der Kaufpreis wird mit **por** angegeben.

10 Ende gut, alles gut

Hängen Sie die folgenden Nachsilben an!

▶ Lösung

1. **burocracia** Bürokratie
2. **hidrofobia** Hydrophobie (Wasserscheu)
3. **teléfono** Telefon
4. **geología** Geologie
5. **homosexual** homosexuell

11 Tapaagujeros[1]

Estas oraciones están incompletas. ¡Escoja una palabra para completarlas!

1. Aquello que es ________, no hace falta.
a) verde **c)** justo
b) insípido[2] **d)** superfluo

2. Una onza[3] de práctica vale más que un kilo de ________.
a) llanto[4] **c)** permiso
b) teoría **d)** prédica

3. Aunque no soy un ________ estoy interesado en la derivación de las palabras.
a) dentista **c)** filólogo
b) inquilino[5] **d)** periodista

[1] **tapaagujero** *m* Lückenfüller
[2] **insípido, -a** schal, fade
[3] **onza** *f* Unze
[4] **llanto** *m* Wehklage
[5] **inquilino** *m* Mieter

12 Comunicación entre las naciones

¡Coordine usted las siguientes palabras españolas con las palabras extranjeras!

periodista · película del Oeste · fin de semana · hilo conductor · aparcamiento · ordenador · pelea

match ________

reportero ________

western ________

week-end ________

leitmotiv ________

parking ________

computadora ________

11 Lückenfüller

Diese Sätze sind unvollständig. Wählen Sie ein Wort aus, um sie zu ergänzen!

1. Was ___ ist, ist nicht nötig.
a) grün **c)** recht und billig
b) schal **d)** überflüssig

2. Eine Unze Praxis ist mehr Wert als ein Kilo ___.
a) Wehklage **c)** Erlaubnis
b) Theorie **d)** Predigt

3. Obwohl ich kein ___ bin, interessiert mich die Ableitung der Wörter.
a) Zahnarzt **c)** Philologe
b) Mieter **d)** Journalist

▶ Lösung

1. d) 2. b) 3. c)

12 Völkerverständigung

Ordnen Sie die folgenden spanischen Wörter den Fremdwörtern zu!

Journalist Wildwestfilm Wochenende Leitmotiv
Parkplatz Rechner Zweikampf

▶ Lösung

match	**pelea**	Zweikampf
reportero	**periodista**	Journalist
western	**película del Oeste**	Wildwestfilm
week-end	**fin de semana**	Wochenende
leitmotiv	**hilo conductor**	Leitmotiv
parking	**aparcamiento**	Parkplatz
computadora	**ordenador**	Rechner

13 Dime qué comes, te diré quién eres

1. Hay animales que se alimentan de vegetales. Son:
   a) herbívoros
   b) hierbistas
2. Hay animales que comen carne. Son:
   a) carnívoros
   b) carnistas
3. El hombre se alimenta de vegetales y carne. Es:
   a) carnívovegetarial
   b) omnívoro
4. El hombre que se alimenta sólo de vegetales es:
   a) vegetariano
   b) vegetarial

14 Una cosa para pensar

¡Sustituya la palabra cosa por sustantivos más precisos!

1. Ya tenemos todas las *cosas* para hacer la paella.

   ____

2. ¡Qué *cosas* tan extrañas se le ocurren!

   ____

3. ¿Sobre qué *cosa* estáis deliberando?

   ____

4. Cuando los dos hermanos se pelean[1], se dicen a veces *cosas* atroces.

   ____

[1] **pelearse** sich streiten

13 Sag mir, was du isst, und ich sage dir, wer du bist

1. Es gibt Tiere, die sich von Pflanzen ernähren. Sie sind:
   a) herbívoros
   b) hierbistas
2. Es gibt Tiere, die Fleisch fressen. Sie sind:
   a) carnívoros
   b) carnistas
3. Der Mensch ernährt sich von Pflanzen und Fleisch. Er ist:
   a) carnívovegetarial
   b) omnívoro
4. Der Mensch, der sich nur von Pflanzen ernährt, ist:
   a) vegetariano
   b) vegetarial

▶ Lösung

1. a) herbívoros	Pflanzenfresser
2. a) carnívoros	Fleischfresser
3. b) omnívoro	Allesfresser
4. a) vegetariano	Vegetarier

14 Eine Sache zum Nachdenken

Ersetzen Sie das Wort ***cosa*** *Sache, Ding* durch präzisere Substantive!

1. Wir haben schon alle *Sachen* für die Paella beisammen.
2. Was für seltsame *Dinge* ihm nur einfallen!
3. Über welche *Sache* beratschlagt ihr?
4. Wenn die beiden Brüder sich streiten, sagen sie sich manchmal ungeheuerliche *Dinge*.

▶ Lösung

1. ingredientes	Zutaten
2. ideas	Ideen
3. tema	Thema
4. palabras	Wörter

15 Del plural al singular

¡Indique cuál es el singular de las siguientes palabras!

1. las dosis ____________________
2. los martes ____________________
3. los lunes ____________________
4. los análisis ____________________
5. las crisis ____________________

16 ¡No se rompa el casco!

En la frase de arriba *casco* significa „cabeza". Pero no siempre significa eso. ¿Qué es un …

1. casco de motorista?
2. casco de caballerías?
3. casco de buque?

15 Vom Plural zum Singular

Geben Sie den Singular der folgenden Wörter an!

1. die Dosen
2. die Dienstage
3. die Montage
4. die Analysen
5. die Krisen

► **Lösung**

1. **la dosis**
2. **el martes**
3. **el lunes**
4. **el análisis**
5. **la crisis**

Substantive auf **-s**, die auf der vorletzten oder drittletzten Silbe betont sind, sind im Singular und Plural gleich. Hierzu gehören einige Wochentage – **lunes, martes, miércoles, jueves, viernes** – und Wörter griechischen Ursprungs wie **crisis** und **análisis**.

16 Zerbrechen Sie sich nicht den Kopf!

Im Satz oben heißt ***casco*** „Kopf". Aber nicht immer ist das die Bedeutung.
Was ist ein ...?

► **Lösung**

1. **casco de motorista**	Sturzhelm
2. **casco de caballerías**	Pferdehuf
3. **casco de buque**	Schiffsrumpf

17 ¿Le muestra su sexto sentido la solución?

Tenemos cinco sentidos, ¿verdad?

1. Saboreamos con la ______________.
   Es el sentido del ______________.
2. Oímos con los ______________.
   Es el sentido del ______________.
3. Olemos con la ______________.
   Es el sentido del ______________.
4. Vemos con los ______________.
   Es el sentido de la ______________.
5. Palpamos con las ______________.
   Es el sentido del ______________.

18 Como dos gotas de agua ...

Homónimos son palabras que tienen la misma pronunciación, pero sentido diferente. ¿A ver si los encuentra?

1. carga explosiva / bastoncillo de grafito
   ____
2. asiento / instituto financiero
   ____
3. columna vertebral / parte puntiaguda de la planta
   ____

17 Zeigt Ihnen Ihr sechster Sinn die Lösung?

Wir haben fünf Sinne, nicht wahr?

1. Wir kosten mit der Zunge. Das ist der Geschmackssinn.
2. Wir hören mit den Ohren. Das ist der Gehörsinn.
3. Wir riechen mit der Nase. Das ist der Geruchssinn.
4. Wir sehen mit den Augen. Das ist der Gesichtssinn.
5. Wir fühlen mit den Händen. Das ist der Tastsinn.

► Lösung

1. **lengua**	Zunge
sentido del gusto	Geschmackssinn
2. **oídos**	Ohren
sentido del oído	Gehörsinn
3. **nariz**	Nase
sentido del olfato	Geruchssinn
4. **ojos**	Augen
sentido de la vista	Gesichtssinn
5. **manos**	Hände
sentido del tacto	Tastsinn

18 Wie ein Ei dem anderen ...

(wörtl.: Wie zwei Wassertropfen ...*)*

Homonyme sind Wörter, die gleich lauten, aber unterschiedliche Bedeutung haben. Mal sehen, ob Sie sie finden?

1. explosive Ladung / Grafitstäbchen
2. Sitz / Finanzinstitut
3. Wirbelsäule / spitzer Pflanzenteil

► Lösung

1. **mina** *f*	Mine
2. **banco** *m*	Bank
3. **espina** *f*	Wirbelsäule / Dorn

Wussten Sie schon, dass **banca** eine Sitzbank ohne und **banco** eine Sitzbank mit Rückenlehne ist?

19 ¿Cuál es el verbo?

¿Conoce el verbo que procede de la misma raíz?

1. verano	______________	**5.** placer	______________
2. aire	______________	**6.** calor	______________
3. piso	______________	**7.** trabajo	______________
4. calculadora	______________	**8.** respeto	______________

20 Colores

¿Qué colores asocia con los siguientes grupos de palabras? Después de haber encontrado el color, ¡complete usted las comparaciones!

1. sangre, vino tinto, fresa

______________ como un ______________

2. papel, nube, pared

______________ como la ______________

3. mar, genciana[1], nomeolvides[2]

______________ como el ______________

[1] **genciana** *f* Enzian
[2] **nomeolvides** *m/pl* Vergißmeinnicht

19 Wie lautet das Verb?

Kennen Sie das Verb mit demselben Wortstamm?

1. Sommer
2. Luft
3. Boden, Geschoss, Wohnung
4. Rechner
5. Vergnügen
6. Hitze, Wärme
7. Arbeit
8. Achtung

▶ Lösung

1.	**veranear**	den Sommerurlaub verbringen
2.	**airear**	(aus)lüften
3.	**pisar**	betreten
4.	**calcular**	berechnen
5.	**placer**	gefallen
6.	**calentar**	wärmen
7.	**trabajar**	arbeiten
8.	**respetar**	ehren, achten

20 Farben

Welche Farben verbinden Sie mit den folgenden Wortgruppen? Nachdem Sie die Farbe gefunden haben, ergänzen Sie die Vergleiche!

1.	Blut, Rotwein, Erdbeere	rot wie eine Tomate
2.	Papier, Wolke, Wand	weiß wie der Schnee
3.	Meer, Enzian, Vergissmeinnicht	blau wie der Himmel

▶ Lösung

1.	**rojo como un tomate**	blutrot
2.	**blanco como la nieve**	schneeweiß
3.	**azul como el cielo**	himmelblau

21 Punto, punto, coma, guión ...

¿Cómo se llaman estos signos?

1. . ______
2. , ______
3. ; ______
4. ¿? ______
5. ¡! ______
6. ... ______
7. : ______
8. – ______

22 Hombres y mujeres

¿Cuál es el femenino de los nombres siguientes?

1. padrastro[1] ______
2. vampiro ______
3. compadre[2] ______
4. yerno ______
5. fray[3] ______
6. rey ______
7. padrino[4] ______
8. suegro ______

[1] **padrastro** *m* *Stiefvater*
[2] **compadre** *m* Taufpate (so genannt von der Mutter bzw. dem Vater des Täuflings oder der Vater des Täuflings, so genannt vom Taufpaten oder der Taufpatin)
[3] **fray** *m* Bruder (Mönch)
[4] **padrino** *m* Taufpate (allgemein)

21 Punkt, Punkt, Komma, Strich ...

Wie heißen diese Zeichen?

► Lösung

1. **punto**	Punkt
2. **coma**	Komma
3. **punto y coma**	Strichpunkt
4. **signo de interrogación**	Fragezeichen
5. **signo de exclamación**	Ausrufezeichen
6. **puntos suspensivos**	Auslassungspunkte
7. **dos puntos**	Doppelpunkt
8. **guión**	Gedankenstrich

! Anders als die Deutschen nehmen es die Spanier mit der Zeichensetzung nicht so genau. Vor allem das Komma wird oft nach Lust und Laune verwendet.
Dafür aber werden Frage- und Ausrufezeichen am Anfang und am Ende des Satzes gesetzt. Am Anfang stehen sie dabei auf dem Kopf.

22 Männer und Frauen

Wie lautet die weibliche Form der folgenden Substantive?

1. Stiefvater	**5.** Bruder
2. Vampir	**6.** König
3. Taufpate	**7.** Taufpate
4. Schwiegersohn	**8.** Schwiegervater

► Lösung

1. **madrastra**	Stiefmutter
2. **vampiresa**	Vampir
3. **comadre**	Taufpatin
4. **nuera**	Schwiegertochter
5. **sor**	Schwester (Nonne)
6. **reina**	Königin
7. **padrina**	Taufpatin
8. **suegra**	Schwiegermutter

23 ¡Canastos!

1. canasto	**5.** cubo
2. caja	**6.** maleta
3. saco	**7.** bolso
4. manta	**8.** cesto

Entre las palabras arriba indicadas de las cuales (casi) todas son un objeto que contiene algo, se ha metido una palabra que no pertenece a este grupo. ¿Cuál de ellas es?

24

¡Qué alboroto!

¿Cómo traduciría las siguientes exclamaciones al español?

1. Ruhe! ____________________

2. Hör endlich auf! ____________________

3. Mach's gut! ____________________

4. An die Arbeit! ____________________

5. Hilfe! ____________________

23 Sieh mal einer an!

1. **canasto** oben enger, unten weiter Korb
2. **caja** Kiste
3. **saco** Sack
4. **manta** Decke
5. **cubo** Eimer
6. **maleta** Koffer
7. **bolso** Handtasche
8. **cesto** Tragkorb

Unter die obenstehenden Wörter, die (fast) alle irgendein Behältnis darstellen, hat sich eines eingeschlichen, das nicht dazugehört.
Welches?

▶ Lösung

4. **la manta** die Decke

Sind Sie reingefallen? Nicht der **canasto** ist das Kuckucksei, sondern die Decke, selbst wenn **canasto(s)** auch als Ausruf gebraucht werden kann und dabei Überraschung oder auch Ärger ausdrückt.

24 Was für ein Aufruhr!

Wie würden Sie die folgenden Ausrufe ins Spanische übersetzen?

▶ Lösung

1. **¡Silencio!**
2. **¡Acaba de una vez!**
3. **¡Qué te vaya bien!**
4. **¡A trabajar!**
5. **¡Socorro!**

! Nicht vergessen! Ausrufe werden im Spanischen durch **¡...!** eingeschlossen!

25 Sólo un acento

Solo a veces lleva acento y a veces no. Y *solamente* ¿lleva o no lleva acento?

26 Práctica de preposiciones

¿Qué preposiciones corresponden al verbo *dar*? ¡Complete los blancos!

1. La ventana del dormitorio da _____ parque.
2. Ese tipo se dio _____ la bebida.
3. Se las da _____ listo.
4. Dieron la sesión _____ terminada.

27 Algo para hincar los dientes

¿Puede completar las siguientes expresiones con *diente*?

1. una flor	diente de _________
2. los primeros dientes de un niño	dientes de _________
3. parte del bulbo[1] de una planta	diente de _________
4. puntas afiladas de una herramienta[2] cortante	dientes de _________

[1] **bulbo** *m* Knolle
[2] **herramienta** *f* **cortante** Schneidewerkzeug

25 Nur ein Akzent

Solo trägt manchmal einen Akzent und manchmal nicht. Und ***solamente*** – hat es einen Akzent oder hat es keinen?

▶ Lösung

Solamente *nur* hat keinen Akzent. ***Solo*** trägt einen Akzent, wenn es als Adverb gebraucht wird und dann ebenfalls *nur* bedeutet: **Sólo bailaba Juan**. Es tanzte nur Juan. Wird es aber als Adjektiv gebraucht, dann steht es ohne Akzent: **Fue su solo mérito.** Es war sein alleiniges Verdienst.

26 Präpositionspraxis

Welche Präpositionen gehören zu dem Verb ***dar***?
Füllen Sie die Leerstellen aus!

1. Das Schlafzimmerfenster geht zum Park hinaus.
2. Dieser Typ hat sich dem Trinken hingegeben.
3. Er spielt den Gescheiten.
4. Sie erklärten die Sitzung für geschlossen.

▶ Lösung

1. al 2. a 3. de 4. por

27 Etwas zum Beißen

Können Sie die folgenden Ausdrücke mit ***diente*** ergänzen?

1. eine Blume
2. die ersten Zähne eines Kindes
3. Teil der Pflanzenknolle
4. scharfe Zacken eines Schneidewerkzeugs

▶ Lösung

1. diente de león	Löwenzahn
2. dientes de leche	Milchzähne
3. diente de ajo	Knoblauchzehe
4. dientes de sierra	Sägezacken

28

Sinónimos

Sinónimos se llaman dos palabras que tienen el mismo sentido.
Viejo tiene un montón de sinónimos, ¿conoce alguno?

1. ____________________ **4.** ____________________

2. ____________________ **5.** ____________________

3. ____________________ **6.** ____________________

29 El problema con los sexos

¿Masculino o femenino?
¡Coloque usted el artículo definido correcto!

1. ________ sobre

2. ________ paraguas

3. ________ peine

4. ________ problema

5. ________ paracaídas

6. ________ programa

28 Synonyme

Synonyme nennt man zwei Wörter, die dieselbe Bedeutung haben. ***Viejo*** hat eine Menge Synonyme. Kennen Sie welche?

► Lösung

Wenn Sie sechs Synonyme gefunden haben, dann sind Sie schon ganz schön sprachgewandt. Hier sind noch ein paar mehr:

anciano	hochbetagt
veterano	altgedient
usado	gebraucht
desgastado	abgenutzt
antiguo	antik, ehemalig
destrozado	zerlumpt
acabado	kraftlos, erledigt
anticuado	veraltet
gastado	verbraucht
pasado	ehemalig; verdorben *(bei Lebensmitteln)*

29 Das Problem mit den Geschlechtern

Männlich oder weiblich?
Setzen Sie den richtigen bestimmten Artikel ein!

► Lösung

1. **el sobre**	der Briefumschlag
2. **el paraguas**	der Regenschirm
3. **el peine**	der Kamm
4. **el problema**	das Problem
5. **el paracaídas**	der Fallschirm
6. **el programa**	das Programm

! Obwohl die meisten männlichen Substantive auf **-o** enden, gibt es auch einige mit Endungen auf **-e** und **-a**.

30 Una familia numerosa

Paco tiene una familia grande. Está casado con Ana cuya hermana se llama Luisa. Marta es la hermana de Paco. Los padres de Paco se llaman Teresa y Felipe. Mercedes y Carlos son los hijos de Paco.
¿Ha estado usted muy atento? ¿Quién es quíen?

1. Teresa es la __________ de Ana.
2. Paco es el __________ de Mercedes y Carlos.
3. Si Marta tendría un hijo, este sería el __________ de Carlos, el __________ de Paco, y el __________ de Teresa y Felipe.
4. Luisa es la __________ de Paco.
5. Ana es la __________ de Felipe.
6. Teresa y Felipe son los __________ de Mercedes y Carlos.

31 Deporte

¡Relacione los siguientes artículos de deporte al deporte que corresponden!

1. las aletas	**a)** el pingpong
2. la raqueta	**b)** el buceo
3. el bate	**c)** el tenis
4. la pala	**d)** el béisbol

30 Eine zahlreiche Familie

Paco hat eine große Familie. Er ist mit Ana verheiratet, deren Schwester Luisa heißt. Marta ist die Schwester von Paco. Pacos Eltern heißen Teresa und Felipe. Mercedes und Carlos sind Pacos Kinder.
Haben Sie gut aufgepasst? Wer ist wer?

1. Teresa ist die Schwiegermutter von Ana.
2. Paco ist der Vater von Mercedes und Carlos.
3. Wenn Marta einen Sohn hätte, wäre er der Cousin von Carlos, der Neffe von Paco und der Enkel von Teresa und Felipe.
4. Luisa ist die Schwägerin von Paco.
5. Ana ist die Schwiegertochter von Felipe.
6. Teresa und Felipe sind die Großeltern von Mercedes und Carlos.

▶ Lösung

1. **suegra**	Schwiegermutter
2. **padre**	Vater
3. **primo, sobrino, nieto**	Cousin, Neffe, Enkel
4. **cuñada**	Schwägerin
5. **nuera**	Schwiegertochter
6. **abuelos**	Großeltern

31 Sport

Ordnen Sie die folgenden Sportartikel der richtigen Sportart zu!

1. die Schwimmflossen	**a)** das Tischtennis
2. der Tennisschläger	**b)** das Tauchen
3. der Baseballschläger	**c)** das Tennis
4. der Tischtennisschläger	**d)** das Baseball

▶ Lösung

1. b) 2. c) 3. d) 4. a)

X 32 ¿Correcto o incorrecto?

¡Diga si las siguientes oraciones son correctas (C) o falsas (F)!

1. ¿Qué harás el próximo fin de semana? C F
2. Gracias para tu ayuda. C F
3. ¿Conoces a mi jefe? C F
4. A Pedro le interesa mucho el arte abstracto. C F
5. Tienes que vas al médico. C F

33 ¿Se acuerda usted?

Complete las siguientes frases con *recordar* o *acordar*:

1. Me ____________ que tu padre tenía una tienda en ese pueblo.
2. Esto me ____________ mi juventud.
3. Siempre le digo lo mismo. Estoy harta[1] de ____________ lo que tiene que hacer.
4. No ____________ exactamente su dirección.
5. Perdón, no me ____________ cuando nos vimos la última vez.

[1] **estar harto, -a de** etw. satt haben

32 Richtig oder unrichtig?

Sagen Sie, ob die folgenden Sätze richtig (C) oder falsch (F) sind!

1. Was wirst du nächstes Wochenende machen?
2. Danke für deine Hilfe.
3. Kennst du meinen Chef?
4. Pedro interessiert sich sehr für abstrakte Kunst.
5. Du mußt zum Arzt gehen.

▶ Lösung

1. F) 2. F) 3. C) 4. C) 5. F)

So müssen **1, 2** und **5** richtig heißen:

1. ¿Qué harás el próximo fin de semana?
2. Gracias por tu ayuda.
5. Tienes que ir al médico.

33 Erinnern Sie sich?

Ergänzen Sie die folgenden Sätze mit ***recordar*** oder ***acordar***:

1. Ich erinnere mich, dass dein Vater in diesem Dorf ein Geschäft besaß.
2. Das erinnert mich an meine Jugend.
3. Immer sage ich ihm dasselbe. Ich habe es satt, ihn daran zu erinnern, was er zu tun hat.
4. Ich erinnere mich nicht genau an seine Adresse.
5. Entschuldigung, ich erinnere mich nicht, wann wir uns zum letzten Mal sahen.

▶ Lösung

1. acuerdo
2. recuerda
3. recordarle
4. recuerdo
5. acuerdo

! **Recordar** heißt: sich oder jemand anderem etwas ins Gedächtnis rufen oder an etwas denken. Es wird mit direktem Objekt verwendet. **Acordarse** heißt: sich an etwas erinnern; es wird nur reflexiv gebraucht.

34 ¿Sin cabeza?

¡Ponga los prefijos que corresponden a las palabras siguientes!

cosmo	mini	termó	re	aero	ante

1. ____________ falda
2. ____________ producción
3. ____________ metro
4. ____________ ayer
5. ____________ plano
6. ____________ nave

35 Nombres inoportunos

¡Elimine el término que no corresponde al grupo!

1. **a)** casa **b)** apartamento
   c) edificio **d)** barco
2. **a)** vender **b)** calentar
   c) alquilar **d)** arrendar
3. **a)** ventana **b)** puerta
   c) pata **d)** portal
4. **a)** calle **b)** avenida
   c) alumbrado **d)** alameda
5. **a)** comedor **b)** sala de estar
   c) cocina **d)** techo

34 Kopflos?

Ordnen Sie die Vorsilben den folgenden Wörtern zu!

1. Rock
2. Produktion
3. Meter
4. gestern
5. Ebene
6. Schiff

▶ Lösung

1.	**minifalda**	Minirock
2.	**reproducción**	Reproduktion
3.	**termómetro**	Thermometer
4.	**anteayer**	vorgestern
5.	**aeroplano**	Flugzeug
6.	**cosmonave**	Raumschiff

35 Kuckuckseier

Streichen Sie das Wort, das nicht zur Gruppe passt!

1. **a)** Haus **b)** Wohnung
   c) Gebäude **d)** Schiff
2. **a)** verkaufen **b)** heizen
   c) mieten **d)** pachten
3. **a)** Fenster **b)** Tür
   c) Pfote **d)** Portal
4. **a)** Straße **b)** Boulevard
   c) Beleuchtung **d)** Allee
5. **a)** Esszimmer **b)** Wohnzimmer
   c) Küche **d)** Dach

▶ Lösung

1. d) 2. b) 3. c) 4. c) 5. d)

36 El que todo lo sabe no todo lo puede

¡Complete usted las siguientes frases con la forma correcta del presente de *saber* o *poder*!

1. María ________ cocinar Paella, pero hoy no ________ porque se le ha acabado el arroz.
2. No tengo dinero. No ________ comprarle ningún regalo a Elena.
3. José está enfermo. Hoy no ________ ir a la escuela.
4. Hugo ________ nadar, pero ahora no ________ porque tiene la pierna rota.
5. Yo ________ conducir, pero hoy no ________ porque me siento mal.
6. ¡Tú no ________ ir a bailar esta noche!

37 Palabras incompletas

En todas las siguientes frases falta una palabra que siempre es la misma. ¡Complétela!

1. Fue a Madrid en ________stop.
2. El actor firmó muchos ________grafos a sus admiradores.
3. Aprendió por si mismo a tocar el piano; es un ________didacta.
4. El escritor publicó su ________biografía.

36 Wer alles weiß, kann noch lange nicht alles

Vollenden Sie die folgenden Sätze mit der richtigen Präsensform von ***saber*** oder ***poder***!

1. Maria kann Paella kochen, aber heute kann sie es nicht, weil ihr der Reis ausgegangen ist.
2. Ich habe kein Geld. Ich kann kein Geschenk für Elena kaufen.
3. José ist krank. Er kann heute nicht zur Schule gehen.
4. Hugo kann schwimmen, aber jetzt kann er es nicht, weil er ein gebrochenes Bein hat.
5. Ich kann Auto fahren, aber heute kann ich es nicht, ich fühle mich nicht gut.
6. Du kannst heute Abend nicht tanzen gehen!

▶ Lösung

1. sabe – puede
2. puedo
3. puede
4. sabe – puede
5. sé – puedo
6. puedes

! **Saber** bezeichnet eine angeborene oder angelernte Fähigkeit, **poder** hingegen eine von äußeren Umständen oder der Erlaubnis anderer abhängige Möglichkeit.

37 Unvollständige Wörter

In allen folgenden Sätzen fehlt dasselbe Wort. Ergänzen Sie es!

1. Er fuhr nach Madrid per Autostopp.
2. Der Schauspieler gab seinen Bewunderern viele Autogramme.
3. Er lernte von sich aus, Klavier zu spielen; er ist ein Autodidakt.
4. Der Schriftsteller veröffentlichte seine Autobiografie.

▶ Lösung

1. en autostop	per Anhalter
2. autógrafos	Autogramme
3. autodidacta	Autodidakt
4. autobiografía	Autobiografie

38 Del adjetivo al sustantivo

¿Cuáles son los sustantivos de los siguientes adjetivos?

1. trabajador ______________________

2. sincero ______________________

3. simpático ______________________

4. interesante ______________________

5. serio ______________________

6. aburrido ______________________

39

¿Qué serían los españoles sin la guitarra?

La guitarra es el instrumento nacional de España. En cada línea se esconde una parte del instrumento.

1. S C L A V I J A S
2. P U E N T E S Y T
3. A N C U E R D A S
4. B E R C A J A R O

38 Vom Adjektiv zum Substantiv

Welches sind die Substantive zu den folgenden Adjektiven?

1. fleißig
2. ehrlich
3. sympathisch
4. interessant
5. ernst
6. langweilig

▶ **Lösung**

1. **el trabajo**	die Arbeit
2. **la sinceridad**	die Ehrlichkeit
3. **la simpatía**	die Sympathie
4. **el interés**	das Interesse
5. **la seriedad**	die Ernsthaftigkeit
6. **el aburrimiento**	die Langeweile

39 Was wären die Spanier ohne die Gitarre?

Die Gitarre ist das Nationalinstrument Spaniens. In jeder Zeile verbirgt sich ein Teil des Instruments.

▶ **Lösung**

1.	S	**C**	**L**	**A**	**V**	**I**	**J**	**A**	**S**	Wirbel
2.	**P**	**U**	**E**	**N**	**T**	**E**	S	Y	T	Steg
3.	A	N	**C**	**U**	**E**	**R**	**D**	**A**	**S**	Saiten
4.	B	E	R	**C**	**A**	**J**	**A**	R	O	Klangkörper

40 Charla entre animales

¿De qué manera se comunican los animales en España? Las vacas por ejemplo mugen ...

1. Las abejas[1] ______________.
2. Las ovejas[2] ______________.
3. Las ranas[3] ______________.
4. Los gallos ______________.
5. Los perros ______________.
6. Las gallinas ______________.

[1] **abeja** *f* Biene
[2] **oveja** *f* Schaf
[3] **rana** *f* Frosch

41

Bebés de animales

¿Cómo se llaman los críos de ...

1. la vaca? ______________
2. la perra? ______________
3. la yegua[1] ? ______________
4. la rana? ______________
5. la gallina? ______________

[1] **yegua** *f* Stute

40 Tierische Plauderei

Wie kommunizieren die Tiere in Spanien? Die Kühe zum Beispiel muhen ...

1. Die Bienen summen.
2. Die Schafe blöken.
3. Die Frösche quaken.
4. Die Hähne krähen.
5. Die Hunde bellen.
6. Die Hühner gackern.

▶ Lösung

1. **zumban**
2. **balan**
3. **croan**
4. **cantan**
5. **ladran**
6. **cacarean**

41 Tierbabys

Wie heißt der Nachwuchs von ...

1. der Kuh?
2. der Hündin?
3. der Stute?
4. dem Frosch?
5. der Henne?

▶ Lösung

1.	**becerro, ternera**	*(männl. und weibl.)* Kalb
2.	**cachorro**	Welpe
3.	**potro**	Fohlen
4.	**renacuajo**	Kaulquappe
5.	**pollo**	Küken

42 ¿Cuáles van juntos?

¡Complete las expresiones con los siguientes sustantivos!

champán	aceitunas	caramelos	mayonesa	vino
sardinas	jamón	café		

1. un vaso de ____________
2. una taza de ____________
3. una copa de ____________
4. un trozo de ____________
5. un tubo de ____________
6. una ración de ____________
7. una bolsita de ____________
8. una lata de ____________

43 Abreviaturas diarias

Seguramente ya se ha enfrentado usted con las siguientes abreviaturas.
¿Qué significan?

1. I.T.V. ____________
2. O.T.A.N. ____________
3. T.V.E. ____________
4. EE. UU. ____________
5. A.V.E. ____________

42 Was gehört zusammen?

Ergänzen Sie die Ausdrücke mit den folgenden Substantiven!

Champagner	Oliven	Bonbons	Mayonnaise	Wein
Sardinen	Schinken	Kaffee		

1. ein Glas Wein
2. eine Tasse Kaffee
3. ein Glas Champagner
4. ein Stück Schinken
5. eine Tube Mayonnaise
6. eine Portion Oliven
7. eine Tüte Bonbons
8. eine Dose Sardinen

► Lösung

1. **vino** Wein
2. **café** Kaffee
3. **champán** Champagner
4. **jamón** Schinken
5. **mayonesa** Mayonnaise
6. **aceitunas** Oliven
7. **caramelos** Bonbons
8. **sardinas** Sardinen

! **Vaso** ist ein einfaches Glas für Wasser oder Wein; **copa** hingegen ist ein Stielglas.

43 Alltägliche Kürzel

Sicher sind Sie schon auf die folgenden Abkürzungen gestoßen. Was bedeuten sie?

► Lösung

1. **Inspección Técnica de Vehículos** Technische Hauptuntersuchung bei Kraftfahrzeugen
2. **Organización del Tratado Atlántico Norte** NATO
3. **Televisión Española** Spanisches Fernsehen
4. **Estados Unidos** USA
5. **Alta Velocidad Española** spanischer Hochgeschwindigkeitszug

Folgende Regel beherrschen Sie sofort aus dem ff (Effeff): Die Verdoppelung der Buchstaben zeigt den Plural an! Beispiel: **FF. AA. – Fuerzas Armadas** Streitkräfte

44 ¿Habla usted inglespañol?

¿Puede relacionar las palabras españolas que figuran en la columna de la izquierda con los extranjerismos[1] de la derecha?

1. pantalones cortos	**a)** jeans
2. pasatiempo	**b)** interview
3. retrete	**c)** shorts
4. entrevista	**d)** póster
5. cartel	**e)** hobby
6. vaqueros	**f)** váter

[1] **extranjerismo** *m* Fremdwort

45 Profesiones

¿Cómo se llaman los siguientes profesionales?

1. el hombre que extingue[1] incendios __________

2. el hombre que construye las casas __________

3. la mujer que pesca __________

4. la mujer que vende el pescado __________

5. la mujer que cocina __________

6. el vigilante nocturno __________

[1] **extinguir** löschen

44 Sprechen Sie Englospanisch?

Können Sie die spanischen Wörter in der linken Spalte den Fremdwörtern in der rechten Spalte zuordnen?

▶ Lösung

1. c)	**pantalones cortos**	**shorts**	Shorts
2. e)	**pasatiempo**	**hobby**	Hobby
3. f)	**retrete**	**váter**	Toilette
4. b)	**entrevista**	**interview**	Interview
5. d)	**cartel**	**póster**	Poster
6. a)	**vaqueros**	**jeans**	Jeans

! In der Sprache sind die Spanier keineswegs so anglophil wie die Deutschen. Findet doch ein englisches Wort den Weg nach Spanien, wird es so weit wie möglich verspanischt. Dies war unter anderen das Los von **béisbol** Baseball, **güisqui** Whisky, **esprint** Sprint oder auch **esquech** Sketch. Originale wie **jeans** oder **interview** werden wie im Englischen ausgesprochen.

45 Berufe

Wie heißen die folgenden Männer und Frauen vom Fach?

1. derjenige, der Brände löscht
2. derjenige, der Häuser baut
3. diejenige, die Fische fängt
4. diejenige, die Fische verkauft
5. diejenige, die kocht
6. der nächtliche Wächter

▶ Lösung

1.	**bombero**	Feuerwehrmann
2.	**albañil**	Maurer
3.	**pescadora**	Fischerin
4.	**pescadera**	Fischverkäuferin
5.	**cocinera**	Köchin
6.	**sereno**	Nachtwächter

46 El acento – ¿algo para perfeccionistas?

¡De ningún modo! Es un signo distintivo que expresa algo sobre la acentuación y pronunciación y que sirve para diferenciar las palabras.
¿Dónde pondría usted los acentos en las siguientes frases?

Si me preguntas
como como,
te dire como como:
Como como todos comen,
y como todos comen, como.

47

Hablar no es siempre hablar

¡Elija usted los conceptos adecuados para las diferentes formas de expresión!

a) hablar para pasar el rato
b) hablar en voz baja
c) hablar mal un idioma
d) hablar en voz alta
e) hablar con poca claridad

46 Der Akzent – etwas für Perfektionisten?

Keinesfalls! Er ist ein „Erkennungszeichen", das etwas über Betonung und Aussprache aussagt und zur Unterscheidung von Wörtern dient.
Wo würden Sie in den folgenden Sätzen Akzente setzen?

Wenn du mich fragst,
wie ich esse,
dann sage ich dir, wie ich esse:
Ich esse, wie alle essen,
und wie alle essen, esse ich.

► **Lösung**

Si me preguntas
cómo como,
te diré cómo como:
Como como todos comen,
y como todos comen, como.

! Als Ausruf oder Fragewort trägt **cómo** einen Akzent. Kein Akzent wird gesetzt, wenn **como** als Konjunktion *wie, sowie* bedeutet oder von **comer** essen kommt und dann *ich esse* heißt.

47 Reden ist nicht immer reden

Finden Sie die richtigen Begriffe für die verschiedenen Ausdrucksformen!

a) nur zum Zeitvertreib reden
b) mit leiser Stimme reden
c) eine Sprache schlecht sprechen
d) mit lauter Stimme reden
e) undeutlich reden

► **Lösung**

a) **charlar** plaudern
b) **cuchichear** flüstern
c) **chapurrear** radebrechen
d) **gritar** schreien
e) **gruñir** murmeln

48 ¿Va bien?

¿Bien o bueno?

1. Este es un ______ vino.
2. El queso tiene un sabor muy ______.
3. Mi padre conduce ______ y muy seguro.
4. Mucho sol no es muy ______ para la piel.
5. El color negro te va muy ______.

49 Superlativos

¿Cómo se llama ...

1. el animal del cuello más largo? ______
2. el mono más grande? ______
3. el ave más grande? ______

A lo que íbamos:
¿Sabe por qué las girafas tienen el cuello tan largo?

48 Geht's gut?

Bien oder ***bueno*?**

1. Dies ist ein guter Wein.
2. Der Käse hat einen sehr guten Geschmack.
3. Mein Vater fährt gut und sehr sicher.
4. Viel Sonne ist nicht sehr gut für die Haut.
5. Schwarz steht dir gut.

▶ Lösung

1. **buen**
2. **bueno**
3. **bien**
4. **bueno**
5. **bien**

Bien ist ein Adverb und wird mit Verben und mit **estar** verwendet, **bueno** hingegen ist ein Adjektiv und wird mit Substantiven und in der Regel mit **ser** gebraucht.
Die Kurzform **buen** steht vor männlichen Substantiven.

49 Superlative

Wie heißt ...

1. das Tier mit dem längsten Hals?
2. der größte Affe?
3. der größte Vogel?

Bleiben wir bei der Sache:
Wissen Sie, warum die Giraffen so einen langen Hals haben?

▶ Lösung

1. **la girafa** die Giraffe
2. **el gorila** der Gorilla
3. **el avestruz** der Strauß

Weil der Kopf so weit oben sitzt.

50 ¡Cada oveja con su pareja!

Busque las parejas a estos animales:

1. el mono[1] ____________________

2. el toro ____________________

3. el león ____________________

4. el gallo ____________________

5. el carnero[2] ____________________

[1] **mono** *m* Affe
[2] **carnero** *m* Hammel

51 Así pasa el tiempo ...

¿A qué período de tiempo se refieren los siguientes términos?

1. década ______________

2. centenario ______________

3. milenario ______________

50 Gleich und gleich gesellt sich gern!

(wörtl.: jedes Schaf mit seinem Partner)

Suchen Sie das weibliche Gegenstück dieser Tiere:

1. der Affe
2. der Stier
3. der Löwe
4. der Hahn
5. der Hammel

► **Lösung**

1.	**la mona**	die Äffin
2.	**la vaca**	die Kuh
3.	**la leona**	die Löwin
4.	**la gallina**	die Henne
5.	**la oveja**	das Schaf

Mono, -a heißt natürlich auch noch anmutig, reizend. Wenn das die Affen wüssten!

51 So vergeht die Zeit ...

Auf welche Zeiträume beziehen sich die folgenden Bezeichnungen?

► **Lösung**

1.	**diez años**	zehn Jahre (Jahrzehnt)
2.	**cien años**	hundert Jahre (Jahrhundert)
3.	**mil años**	tausend Jahre (Jahrtausend)

! **Centenario** wird besonders in Verbindung mit Jubiläen, Jahrestagen usw. gebraucht. Geht es um ein bestimmtes Jahrhundert, steht **siglo.** Das 20. Jahrhundert heißt also: **el siglo XX**.

52 ¿Ser o estar? Eso es la pregunta.

1. Madrid ________ en el centro de España.
2. El café ________ negro.
3. La puerta ________ abierta.
4. Paco ________ amable.
5. ¿Quién ________ allí?
6. ¿Quién ________ ?

53

La novia española lleva una ... cola

Cola, esta palabrita tiene muchos significados. Vamos a ver si usted la conoce bien.

¡Traduzca las siguientes frases!

1. La novia llevaba un vestido de cola blanco.
2. Este gato tiene la cola larga.
3. ¡Ponte a la cola!
4. Te queda bien la cola de caballo.
5. Siempre vienes a la cola.
6. Necesitas cola blanca para pegarlo.
7. Tengo sed, voy a comprarme una cola.

52 Sein oder sein? Das ist die Frage.

1. Madrid ist in der Mitte von Spanien.
2. Der Kaffee ist schwarz.
3. Die Tür ist offen.
4. Paco ist freundlich.
5. Wer ist da?
6. Wer ist es?

▶ Lösung

1. está 2. es 3. está 4. es 5. está 6. es

Im Spanischen gibt es zwei Verbformen für *sein*:
ser (an sich so sein, immer so sein) und
estar (vorübergehend sein, sich befinden)

53 Die spanische Braut trägt eine ... Cola

Cola, dieses kleine Wort hat viele Bedeutungen. Mal sehen, wie gut Sie es kennen.

Übersetzen Sie die folgenden Sätze!

▶ Lösung

1. Die Braut trug ein weißes Kleid mit Schleppe.
2. Diese Katze hat einen langen Schwanz.
3. Stell dich hinten an!
4. Der Pferdeschwanz steht dir gut.
5. Du kommst immer zum Schluss.
6. Du brauchst weißen Klebstoff, um das zu kleben.
7. Ich habe Durst und kaufe mir jetzt eine Cola.

54 Progresiones lógicas

¡Complete las palabras que faltan para obtener una sucesión lógica!

1. ayer, ____________, mañana, ____________
2. ____________, madre, ____________, nieta
3. ____________, semana, ____________, año
4. primavera, ____________, otoño, ____________

55 ¡Ya es tarde!

¿Qué dice si ...?

1. ... Sie es eilig haben?

____

2. ... Sie um 8 Uhr einen Termin haben?

____

3. ... Sie um 1 Uhr eine Verabredung haben?

____

54 Logische Folgen

Ergänzen Sie die fehlenden Wörter, sodass sich eine logische Reihe ergibt!

1. gestern, heute, morgen, übermorgen
2. Tochter, Mutter, Großmutter, Enkelin
3. Tag, Woche, Monat, Jahr
4. Frühling, Sommer, Herbst, Winter

▶ Lösung

1.	**hoy**	heute
	pasado mañana	übermorgen
2.	**abuela**	Großmutter
	hija	Tochter
3.	**día**	Tag
	mes	Monat
4.	**verano**	Sommer
	invierno	Winter

55 Es ist schon spät!

Was sagen Sie, wenn ...?

▶ Lösung

1. **Tengo prisa.** Ich habe es eilig.
2. **A las 8 tengo una reunión.** Um 8 Uhr habe ich einen Termin.
3. **A la una tengo una cita.** Um 1 Uhr habe ich eine Verabredung.

! Zur Erinnerung: Nur bei 1 Uhr wird der Singular verwendet, **es la una** es ist 1 Uhr, sonst heißt es immer: **son las dos, diez, etc.** es ist 2, 10 usw. Uhr.

56

Duendes[1]

¿Qué aparato necesita el ama de casa[2] para ...

1. limpiar la moqueta[3]? ____________
2. lavar la ropa? ____________
3. planchar? ____________
4. coser? ____________
5. preparar el café? ____________
6. lavar los platos? ____________

[1] **duende** *m* Heinzelmännchen
[2] **(el) ama** *f* **de casa** (die) Hausfrau
[3] **moqueta** *f* Teppichboden

57

¡Pero no se amargue!

España es un país exportador importante de frutas cítricas como por ejemplo mandarinas. ¿Conoce usted algunas frutas cítricas más?

1. ____________
2. ____________
3. ____________
4. ____________
5. ____________

56 Heinzelmännchen

Was für ein Gerät braucht die Hausfrau zum ...

1. Reinigen des Teppichbodens?
2. Wäschewaschen?
3. Bügeln?
4. Nähen?
5. Kaffeekochen?
6. Geschirrspülen?

► Lösung

1. **la aspiradora**	der Staubsauger
2. **la lavadora**	die Waschmaschine
3. **la plancha**	das Bügeleisen
4. **la máquina de coser**	die Nähmaschine
5. **la cafetera**	die Kaffeemaschine
6. **el lavavajillas**	die Spülmaschine

! Auch in Spanien ist die Hausfrau (leider!) nicht männlich. **El ama de casa** erhält den männlichen Artikel nur zur Erleichterung der Aussprache, weil **ama** mit betontem **a** beginnt.

57 Nur nicht sauer werden!

Spanien ist ein bedeutender Exporteur von Zitrusfrüchten, zum Beispiel von Mandarinen. Kennen Sie noch andere Zitrusfrüchte?

► Lösung

1. **la naranja**	die Orange
2. **el limón**	die Zitrone
3. **el pomelo**	die Pampelmuse
4. **la clementina**	die Clementine
5. **la lima**	die Limette

58 Fíjese muy mucho en *muy* y *mucho*

¡Rellene los espacios con la forma correcta de *mucho* o con *muy*!

1. Paco habla ______ bien el alemán.
2. ______ lluvias y tempestades hubo aquel año.
3. Me gustaba ______ escribir cartas.
4. Tus amigos son ______ simpáticos.
5. Anoche comí ______ y luego me sentí ______ cansado.

59 En primer lugar despejado

¡Intente expresarse como un meteorólogo español!

1. Es sind 30° Celsius.

   ____

2. Es zieht ein Gewitter auf.

   ____

3. Wie viel Grad haben wir heute?

   ____

4. Es wird kälter.

   ____

5. Die Sonne scheint.

   ____

58 Passen Sie sehr gut auf mit *muy* und *mucho*

Füllen Sie die Lücken mit der richtigen Form von ***mucho*** oder mit ***muy***!

1. Paco spricht sehr gut Deutsch.
2. Viele Regenschauer und Gewitter gab es in jenem Jahr.
3. Ich schrieb sehr gern Briefe.
4. Deine Freunde sind sehr nett.
5. Gestern Abend aß ich viel und fühlte mich hinterher sehr müde.

▶ Lösung

1. **muy**
2. **muchas**
3. **mucho**
4. **muy**
5. **mucho – muy**

Mucho steht vor Substantiven und nach Verben, **muy** vor Adjektiven und Adverbien. **Mucho** wird dabei dem Substantiv angeglichen: **muchas chicas** viele Mädchen, **mucha hambre** viel Hunger.

59 Vorwiegend heiter

Versuchen Sie mal, sich wie ein spanischer Meteorologe auszudrücken!

▶ Lösung

1. **Hace 30 grados centígrados.**	Es sind 30° Celsius.
2. **Va a haber una tormenta.**	Es zieht ein Gewitter auf.
3. **¿Qué temperatura hace hoy?**	Wie viel Grad haben wir heute?
4. **Va a hacer más frío.**	Es wird kälter.
5. **Hace sol / Brilla el sol.**	Die Sonne scheint.

! Vorsicht Fehlerquelle: In Spanien *ist* es nicht warm oder kalt, sondern es *macht* warm oder kalt. Also: ***hace* frío** es ist kalt, ***hace* calor** es ist warm.

60 Del árbol caído todos hacen leña

No sólo la leña sino también la madera se obtiene del árbol caído. ¿Cuál es la diferencia entre leña y madera?

1. Los muebles de ______ son preciosos.
2. Con la ______ que corté en julio nos hemos calentado todo el invierno.
3. Esta ______ está húmeda, no quema muy bien.
4. El anciano llevaba un bastón de ______.

61 ¿Cómo?

¿Cómo se traduce la palabra *bitte* en las siguientes frases?

1. Bitte! (wenn Sie jemandem etwas geben)

   ____

2. Wie bitte? Ich habe Sie nicht verstanden.

   ____

3. Danke. – Bitte.

   ____

4. Bitte rufen Sie die Polizei.

   ____

5. Bitte sehr! (wenn Sie jemandem etwas anbieten)

   ____

60 Wenn der Baum fällt, machen alle Holz

Nicht nur **leña** Holz, sondern auch **madera** Holz liefert uns der gefällte Baum. Was ist der Unterschied zwischen **leña** und **madera**?

1. Die Möbel aus <u>Holz</u> sind wunderschön.
2. An dem <u>Holz</u>, das ich im Juli schnitt, haben wir uns den ganzen Winter erwärmt.
3. Dieses <u>Holz</u> ist feucht, es brennt nicht sehr gut.
4. Der Alte hatte einen Stock aus <u>Holz</u>.

▶ Lösung

1. **madera**
2. **leña**
3. **leña**
4. **madera**

! Wenn es um Holz geht, nehmen es die Spanier sehr genau. Vielleicht liegt es daran, dass sie ihre Wälder schon vor Jahrhunderten abgeholzt haben. Jedenfalls wird streng zwischen Holz **madera** und Brennholz **leña** unterschieden!

61 Wie bitte?

Wie wird das Wort *bitte* in den folgenden Sätzen übersetzt?

▶ Lösung

1. **¡Tenga! – ¡Ten!**	Nehmen Sie! – Nimm!
2. **¿Cómo? No lo he entendido.**	Wie bitte? Ich habe Sie nicht verstanden.
3. **Gracias. – De nada.**	Danke. – Bitte.
4. **Por favor, llame a la policía.**	Bitte rufen Sie die Polizei.
5. **¡Sírvase usted!**	Bedienen Sie sich!

62

Preguntando se anda lejos ...

¿Qué dice usted cuando ...

1. quiere pedir la carta en el restaurante?

   ____

2. quiere comprar un sello de 50 pesetas?

   ____

3. quiere comprar un sombrero y quiere saber el precio?

   ____

63 *¿A, de o en?*

¡Complete las siguientes frases con las preposiciones adecuadas!

1. Ella vive ______lado ______hotel Central.
2. No estoy ______acuerdo ______cuanto ______ lo que dices de Juana.
3. Marta acab ______acostarse cuando ______pronto sonó el teléfono.
4. ¿Cree ______la existencia ______seres extraterrestres?

62 Durch Fragen kommt man weiter ...

Was sagen Sie, wenn ...

1. Sie in einem Restaurant nach der Speisekarte fragen wollen?
2. Sie eine 50-Peseten-Briefmarke kaufen wollen?
3. Sie einen Hut kaufen und den Preis wissen wollen?

► Lösung

1. **Tráigame la carta, por favor.**
   Bringen Sie mir bitte die Speisekarte.
2. **Quisiera un sello de 50 pesetas, por favor.**
   Ich möchte gern eine 50-Peseten-Briefmarke, bitte.
3. **¿Cuánto vale/cuesta el sombrero? / ¿Qué precio tiene el sombrero?** Was kostet der Hut?

63 *A*, *de* oder *en*?

Ergänzen Sie die folgenden Sätze mit den passenden Präpositionen!

1. Sie wohnt neben dem Hotel Central.
2. Ich bin nicht einverstanden mit dem, was du über Juana sagst.
3. Marta war gerade ins Bett gegangen, als plötzlich das Telefon läutete.
4. Glauben Sie an die Existenz von außerirdischen Wesen?

► Lösung

1. **al – del**
2. **de – en – a**
3. **de – de**
4. **en – de**

Bei den Präpositionen bleibt oft nichts anderes übrig als auswendig lernen:

!

al lado de	neben
de acuerdo	einverstanden
en cuanto a	was ... betrifft
acabar de	gerade etwas getan haben
de pronto	plötzlich

64 ¡A gritos!

¿Cómo traduciría las siguientes exclamaciones?

1. Kein bisschen! ____________________
2. Ach was! ____________________
3. Auf geht's! ____________________
4. In Ordnung! ____________________
5. Nicht die Spur! ____________________

65 ¡Qué piña!

1. ¿Sabe lo que es una piña?
   a) el fruto del pino
   b) un pino
   c) el fruto del ananás
2. Y ¿qué significa ¡qué piña!?
   a) ¡Qué aglomeración[1]!
   b) ¡Qué ruido!
   c) ¡Qué lástima!

[1] **aglomeración** *f* Ansammlung, Gedränge

66 ¿Ciudades extrañas?

¿Sabe cómo se llaman las siguientes ciudades en español?

1. Mainz ____________________
2. München ____________________
3. Genf ____________________
4. Wien ____________________
5. Aachen ____________________

64 Mit Geschrei!

Wie würden Sie die folgenden Ausrufe übersetzen?

► **Lösung**

1. **¡Ni una pizca!**
2. **¡Qué va!**
3. **¡Anda, vamos!**
4. **¡Vale!**
5. **¡Ni hablar!**

65 So eine Ananas!

1. Wissen Sie, was eine **piña** ist?
   a) der Kiefernzapfen
   b) eine Fichte
   c) die Frucht der Ananaspflanze
2. Und was bedeutet **¡qué piña!**?
   a) So ein Gedränge!
   b) Was für ein Lärm!
   c) Wie schade!

► **Lösung**

1. a) und **c)** **2. a)** und **c)**

66 Fremde Städte?

Wissen Sie, wie die folgenden Städte auf Spanisch heißen?

► **Lösung**

1. Mainz **Maguncia**
2. München **Múnich**
3. Genf **Ginebra**
4. Wien **Viena**
5. Aachen **Aquisgrán**

67 Astilla[1] de diamante

¡„Talle[2]" usted las siguientes piedras no trabajadas[3] a joyas preciosas completando con las letras que faltan!

1. di _ m _ nt _

2. r _ b _

3. _ afi _ o

4. esm _ r _ ld _

5. ag _ a _ a _ in _

6. tu _ m _ l _ n _

[1] **astilla** *f* Splitter
[2] **tallar** schleifen
[3] **piedra** *f* **no trabajada** Rohling

68 En pocas palabras

¡Acorte[1] usted estas frases según el ejemplo!

Compraré el periódico para mi padre. – Se lo compraré.

1. Le expliqué el problema a mi mujer:

____

2. Les traje chocolate a los niños.

____

3. He tenido que darle los libros al profesor.

____

4. Estoy haciendo una tarta para Maite.

____

[1] **acortar** kürzen

67 Diamantensplitter

„Schleifen" Sie die folgenden Rohlinge zu wertvollen Juwelen, indem Sie die fehlenden Buchstaben ergänzen!

▶ Lösung

1. **diamante** Diamant
2. **rubí** Rubin
3. **zafiro** Saphir
4. **esmeralda** Smaragd
5. **aguamarina** Aquamarin
6. **turmalina** Turmalin

68 In wenigen Worten

Kürzen Sie diese Sätze entsprechend dem Beispiel!

Ich werde die Zeitung für meinen Vater kaufen. – Ich werde sie ihm kaufen.

1. Ich erklärte das Problem meiner Mutter.
2. Ich brachte den Kindern Schokolade.
3. Ich musste dem Lehrer die Bücher geben.
4. Ich mache gerade eine Torte für Maite.

▶ Lösung

1. **Se lo expliqué.** Ich erklärte es ihr.
2. **Se lo traje.** Ich brachte sie ihnen.
3. **Se los he tenido que dar. / He tenido que dárselos.** Ich musste sie ihm geben.
4. **Se la estoy haciendo. / Estoy haciéndosela.** Ich mache sie ihr gerade.

Treffen ein Akkusativpronomen – **la** sie, **lo** es, ihn, **las**, **los** sie – und ein Dativpronomen der 3. Person **le** ihr, ihm, **les** Ihnen, ihnen zusammen, so wird statt des Dativpronomens ein ***se*** gesetzt: **se la**, **se las**, **se lo**, **se los**.

69 Vamos a la playa donde calienta el sol

¡Complete el texto con las siguientes palabras!

día	sol	gafas de sol	playa	peligro	prohibido
bañar		guardián playero[1]		sillas	verdes

En un ______ estupendo como hoy podemos ir a ______nos. La ______ está llena de parasoles y ______ playeras. Las banderas rojas en la playa nos muestran el ____________ y está ____________ bañarse allí. Sólo podemos bañarnos donde están las banderas __________. Muchas playas tienen un ________________________ que cuida a los bañistas. Para protegernos del sol necesitamos ______________ y una crema de ______.

[1] **guardián** *m* **playero** Bademeister

70 Equivalentes

¡Sustituya las palabras que están en cursiva por sus sinónimos!

1. Deseamos *arrendar* la casa. ______________
2. Hemos recibido un *plazo* de un año para pagar la deuda. ______________
3. Maite *habla dos idiomas*. ______________
4. Ellos tienen una casa muy *linda*. ______________

69 Wir gehen zum Strand, wo die Sonne wärmt

Ergänzen Sie den Text mit den folgenden Wörtern!

An einem herrlichen Tag wie heute können wir baden gehen. Der Strand ist voll mit Sonnenschirmen und Strandliegen. Die roten Fahnen am Strand weisen auf Gefahr hin, und es ist verboten, dort zu baden. Wir dürfen nur dort baden, wo die grünen Fahnen sind. Viele Strände haben einen Bademeister, der auf die Badegäste achtet. Um uns vor der Sonne zu schützen, brauchen wir eine Sonnenbrille und eine Sonnencreme.

► **Lösung**

En un día estupendo como hoy podemos ir a bañarnos. La playa está llena de parasoles y sillas playeras. Las banderas rojas en la playa nos muestran el peligro y está prohibido bañarse allí. Sólo podemos bañarnos donde están las banderas verdes. Muchas playas tienen un guardián playero que cuida a los bañistas. Para protegernos del sol necesitamos gafas de sol y una crema de sol.

70 Äquivalente

Ersetzen Sie die kursiven Wörter durch sinnverwandte Wörter!

1. Wir möchten das Haus *mieten*.
2. Wir haben eine *Frist* von einem Jahr bekommen, um die Schulden zu zahlen.
3. Maite *spricht zwei Sprachen*.
4. Sie haben ein sehr *schönes* Haus.

► **Lösung**

1. **alquilar**
2. **período**
3. **es bilingüe** ist zweisprachig
4. **preciosa, bonita**

71

Elección de palabra

¿Cuál es la palabra correcta?

1. Dos monjas con la *capullina / capucha / capuchina* trabajaban en el jardín
2. Esta *capilla / capelo / capellina* data del siglo XV.
3. El *capital / capitel / capítulo* tres del libro es el más interesante.

72 Mal tiempo

Los verbos a continuación se usan sólo en infinitivo o en tercera persona singular.
¡Complete la lista según el modelo!

llover	llueve	la lluvia
1. nevar	________	________
2. lloviznar	________	________
3. tronar	________	________
4. granizar	________	________

71 Wortwahl

Welches ist das richtige Wort?

1. Zwei Nonnen mit ***capullina / capucha / capuchina*** arbeiteten im Garten.
2. Diese ***capilla / capelo / capellina*** stammt aus dem 15. Jahrhundert.
3. Das ***capital / capitel / capítulo*** drei des Buches ist das interessanteste.

► Lösung

1.	**capucha**	Kapuze
2.	**capilla**	Kapelle
3.	**capítulo**	Kapitel

72 Schlechtes Wetter

Die folgenden Verben werden nur im Infinitiv oder in der dritten Person Singular gebraucht.
Ergänzen Sie die Liste, wie im Beispiel angegeben!

regnen	es regnet	der Regen

1. schneien
2. nieseln
3. donnern
4. hageln

► Lösung

1.	**nieva**	es schneit	**la nieve**	der Schnee
2.	**llovizna**	es nieselt	**la llovizna**	der Nieselregen
3.	**truena**	es donnert	**el trueno**	der Donner
4.	**graniza**	es hagelt	**el granizo**	der Hagel

! Während **granizada** ein Hagelschauer ist, handelt es sich bei **granizado** nicht um ein Naturphänomen, sondern um ein erfrischendes Fruchtgetränk mit gekörntem Eis.

73 En una palabra

¡Transforme cada frase en una sola palabra!
Exemplo: ¡Dame el bolígrafo negro! – ¡Dámelo!

1. ¡Envía esas cajas a María! ____________________
2. ¡Dele este contrato al abogado[1]! ____________________
3. ¡Cómprale un coche a Paco! ____________________
4. ¡Regala esos chocolates a los niños! ____________________
5. ¡Explícanos el problema a nosotros! ____________________

[1] **abogado** *m* Rechtsanwalt

74 En la consulta

La traducción de las siguientes frases no debería causarle dolor de estómago.

1. Ich habe Kopfweh.

   ____

2. Ich habe Magenschmerzen.

   ____

3. Ich bin stark erkältet.

   ____

4. Können Sie mir etwas verschreiben?

   ____

5. Können Sie mir ein ärztliches Attest ausstellen?

   ____

73 Mit einem Wort

Wandeln Sie jeden Satz in ein einziges Wort um!
Beispiel: Gib mir den schwarzen Kugelschreiber! – Gib ihn mir!

1. Schick diese Schachteln Maria!
2. Geben Sie diesen Vertrag dem Rechtsanwalt!
3. Kauf Paco ein Auto!
4. Schenk diese Schokoladetafeln den Kindern!
5. Erklär uns das Problem!

▶ Lösung

1. **¡Envíaselas!** Schick sie ihr!
2. **¡Déselo!** Geben Sie ihn ihm!
3. **¡Cómpraselo!** Kauf es ihm!
4. **¡Regálaselos!** Schenk sie ihnen!
5. **¡Explícanoslo!** Erklär es uns!

So viel kann man auf spanisch mit einem einzigen Wort ausdrücken! Die Personalpronomen werden nämlich an die bejahende Befehlsform angehängt. Dabei verwandelt sich das Dativpronomen der 3. Person in **se** und steht vor dem Akkusativpronomen. Achten Sie auf die Akzentsetzung, damit die Stammbetonung des Verbs beibehalten wird!

74 In der Sprechstunde

Die Übersetzung der folgenden Sätze sollte Ihnen nicht auf den Magen schlagen.

▶ Lösung

1. **Tengo dolores de cabeza.**
2. **Me duele el estómago.**
3. **Estoy muy resfriado.**
4. **¿Puede recetarme algo?**
5. **¿Puede darme un certificado médico?**

75 Del singular al plural o viceversa

¡Traduzca las siguientes frases al español!

1. Deine Brille ist äußerst elegant.

2. Die Leute reden viel.

3. Die grüne Welle macht den Verkehr flüssiger.

4. Erzähle mir, was dir passiert ist, ich bin ganz Ohr.

5. Wo ist die Schere?

76

Tres excepciones

Los siguientes nombres en *-o* son masculinos, con tres excepciones.

1. tío	**5.** radio
2. cuadro	**6.** amigo
3. mano	**7.** lobo
4. moto	**8.** paro

75 Vom Singular zum Plural oder umgekehrt

Übersetzen Sie die folgenden Sätze ins Spanische!

▶ Lösung

1. **Tus gafas son elegantísimas.**
2. **La gente habla mucho.**
3. **Las luces verdes hacen el tráfico más abierto.**
4. **Cuéntame lo que te ha pasado, soy todo oídos.**
5. **¿Dónde están las tijeras?**

Manche Wörter, die im Deutschen Singular sind, werden im Spanischen als Plural gebraucht. Weitere Beispiele: **nupcias** *f/pl* Ehe, **vaqueros** *m/pl* Jeans, **asentaderas** *f/pl* Hintern, **leotardos** *m/pl* Strumpfhose, **pantalones** *m/pl* Hose, **calzoncillos** *m/pl* Unterhose. Aber auch das Gegenteil ist manchmal der Fall: **la gente** die Leute.

76 Drei Ausnahmen

Die folgenden Wörter auf **-o** sind männlich, mit drei Ausnahmen.

1. **tío**	Onkel	5. **radio**	Radio
2. **cuadro**	Bild	6. **amigo**	Freund
3. **mano**	Hand	7. **lobo**	Wolf
4. **moto**	Motorrad	8. **paro**	Meise

▶ Lösung

Die Ausnahmen sind:

3. **la mano** die Hand
4. **la moto** das Motorrad (von **la motocicleta**)
5. **la radio** das Radio

77 Analogías

¡Complete la analogía!

1. *Antes* es a *después* como *temprano* es a ...
   a) pronto
   b) lejos
   c) tarde
   d) atrasado

2. *Luz* es a *oscuridad* como *ruido* es a ...
   a) oído
   b) soledad
   c) silencio
   d) paz

78 ¡No lo deje, insista!

Lassen se deja traducir facilmente al español. Sólo que cada vez se presenta diferente. ¡Inténtelo usted!

1. Das ließ sich nicht vermeiden.

   ____

2. Pepito hat sich die Haare schneiden lassen.

   ____

3. Marta lässt sich gern bitten.

   ____

4. Lass mich los!

   ____

5. Lass das!

   ____

77 Analogien

Führen Sie den Vergleich zu Ende!

1. *Vorher* verhält sich zu *nachher* wie *früh* zu ...
a) bald
b) weit
c) spät
d) verspätet

2. *Licht* verhält sich zu *Dunkelheit* wie *Lärm* zu ...
a) Gehör
b) Einsamkeit
c) Stille
d) Frieden

▶ Lösung

1. c) 2. c)

78 Nicht lockerlassen

Lassen lässt sich leicht ins Spanische übersetzen. Nur sieht es immer wieder anders aus. Versuchen Sie es mal!

▶ Lösung

1. **Esto no ha podido evitarse.**
2. **Pepito se ha cortado el pelo.**
3. **Marta se hace de rogar.**
4. **¡Suéltame!**
5. **¡Deja eso!**

Wird *lassen* im Sinn von *etwas unterlassen* gebraucht, entspricht es dem spanischen **dejar**. Als Hilfsverb kann es durch **hacer** oder **poder** (wenn etwas möglich oder nicht möglich ist) wiedergegeben werden. Oft ist *lassen* im Spanischen jedoch schlicht überflüssig!

79 Luz y sombra

¡Busque los contrarios!

1. competente ____________________
2. audible ____________________
3. útil ____________________
4. cómodo ____________________
5. usual ____________________

80 La hoja verde

¡Busque las palabras correspondientes relacionadas con *verde!*

1. tienda donde se venden frutas, hortalizas, etc. ____________
2. color verde oscuro ____________
3. mujer vulgar y descarada ____________
4. oxidación de cobre ____________
5. persona que vende frutas, hortalizas, etc. ____________

79 Licht und Schatten

Suchen Sie das Gegenteil!

1. fähig
2. hörbar
3. nützlich
4. bequem
5. üblich

▶ Lösung

1.	**incompetente**	unfähig
2.	**inaudible**	unhörbar
3.	**inútil**	unnütz
4.	**incómodo, -a**	unbequem
5.	**inusual**	unüblich

! Dem verneinenden deutschen *un-* entspricht oft das spanische ***in-***.
Vor *b* und *p* wird zur Erleichterung der Aussprache ***in-*** zu ***im-***: **imprevisto** unvorhergesehen, **imborrable** unauslöschlich, **impaciente** ungeduldig.

80 Das grüne Blatt

Suchen Sie die Wortentsprechungen, die mit ***verde*** verwandt sind!

1. Laden, in dem Obst, Gemüse usw. verkauft wird
2. dunkelgrüne Farbe
3. vulgäre, unverschämte Frau
4. Kupferoxidation
5. Verkäufer von Obst, Gemüse usw.

▶ Lösung

1.	**verdulería**	Gemüseladen
2.	**verdusco, -a**	dunkelgrün
3.	**verdulera**	Marktweib
4.	**verdín**	Grünspan
5.	**verdulero**	Gemüsehändler

81 Analogías

1. Hombre es a muchacho lo que mujer es a ...
a) moza[1] **b)** chica **c)** dama **d)** muchacha

2. Trompeta es a tocar lo que libro es a ...
a) mirar **b)** leer **c)** cantar **d)** perder

3. Automóvil es a rueda lo que caballo es a ...
a) pata **b)** cola **c)** galope **d)** carro

[1] **moza** *f* Magd

82 Pregunta correcta

Para recibir la respuesta correcta hay que preguntar correctamente. ¡Relacione las preguntas con las respuestas correspondientes!

1. El libro está en la mesa.	**a)** ¿Cuándo?
2. Mi hermano Miguel.	**b)** ¿Adónde?
3. Estos libros son interesantes.	**c)** ¿Dónde?
4. A España.	**d)** ¿Quién?
5. En la mañana.	**e)** ¿Cómo?

83 Uno no pertenece ...

¡Busque en cada grupo la palabra que no corresponde!

1.	**a)** clarinete	**b)** saxofón	**c)** flauta	**d)** tambor
2.	**a)** camisa	**b)** corbata	**c)** falda	**d)** saco
3.	**a)** isla	**b)** mar	**c)** lago	**d)** océano

81 Analogien

1. Mann verhält sich zu Junge wie Frau zu …
a) Magd **b)** kleines Mädchen **c)** Dame **d)** Mädchen

2. Trompete verhält sich zu spielen wie Buch zu …
a) sehen **b)** lesen **c)** singen **d)** verlieren

3. Auto verhält sich zu Rad wie Pferd zu …
a) Bein **b)** Schwanz **c)** Galopp **d)** Wagen

▶ Lösung

1. d) 2. b) 3. a)

82 Richtige Frage

Um die richtige Antwort zu bekommen, muss man richtig fragen. Ordnen Sie die Fragen den entsprechenden Antworten zu!

1. Das Buch ist auf dem Tisch.	**a)** Wann?
2. Mein Bruder Miguel.	**b)** Wohin?
3. Diese Bücher sind interessant.	**c)** Wo?
4. Nach Spanien.	**d)** Wer?
5. Am Morgen.	**e)** Wie?

▶ Lösung

1. c) 2. d) 3. e) 4. b) 5. a)

83 Eines gehört nicht dazu …

Suchen Sie in jeder Gruppe das Wort, das nicht passt!

1.	**a)** Klarinete	**b)** Saxophon	**c)** Flöte	**d)** Trommel
2.	**a)** Hemd	**b)** Krawatte	**c)** Rock	**d)** Sakko
3.	**a)** Insel	**b)** Meer	**c)** See	**d)** Ozean

▶ Lösung

1. d) 2. c) 3. a)

84

marchar	correr	callejear	saltar	caminar

¿Cómo va?

¿Por qué siempre ir? Hay tantas maneras diferentes de moverse. ¡Elija usted la correcta!

1. trasladarse rápidamente ________________
2. andar sin un fin determinado ________________
3. andar en cierto ritmo ________________
4. dar saltos ________________
5. hacer excursiones ________________

85 ¡Bien hecho!

¡Sustituya el verbo *hacer* en las siguientes frases por otros verbos!

1. ¿Has hecho las camas?

   ____

2. Con el tiempo se hace uno a todo.

   ____

3. Nos hizo una comida riquísima.

   ____

4. El cuadro *Guernica* fue hecho por Picasso.

   ____

84

marschieren bummeln wandern laufen springen

Wie geht's?

Warum immer nur gehen? Es gibt so viele verschiedene Arten, sich fortzubewegen.
Suchen Sie die richtige!

1. sich schnell fortbewegen
2. ziellos herumgehen
3. in einem bestimmten Rhythmus gehen
4. Sprünge machen
5. Wanderungen machen

► **Lösung**

1. **correr** laufen
2. **callejear** bummeln
3. **marchar** marschieren
4. **saltar** springen
5. **caminar** wandern

85 Gut gemacht!

Ersetzen Sie das Verb ***hacer*** *machen* in den folgenden Sätzen durch andere Verben!

1. Hast du die Betten gemacht?
2. Mit der Zeit gewöhnt man sich an alles.
3. Sie hat uns ein herrliches Essen gemacht.
4. Das Bild *Guernica* wurde von Picasso gemacht.

► **Lösung**

1. **¿Has arreglado ...?** Hast du ... in Ordnung gebracht?
2. **... se acostumbra ...** ... man gewöhnt sich ...
3. **... cocinó/preparó ...** ... sie hat gekocht/zubereitet ...
4. **... fue pintado ...** ... es wurde ... gemalt.

86 Amplíe usted su vocabulario

Escriba los sinónimos, es decir palabras de igual significado, de ...

1. volver	____________	**5.** mostrar	____________
2. sencillo	____________	**6.** enviar	____________
3. reparar	____________	**7.** todavía	____________
4. vencer	____________	**8.** bonito	____________

87

¿Hablan español?

¿Cómo se expresan los siguientes animales en español? Un gato por ejemplo cuando maulla hace *¡miau!*

1. El perro hace ...

2. El gallo hace ...

3. El pájaro hace ...

4. La oveja hace ...

86 Erweitern Sie Ihren Wortschatz

Schreiben Sie die Synonyme, also Wörter mit derselben Bedeutung, von ...

1. **volver** zurückkommen
2. **sencillo** einfach
3. **reparar** reparieren
4. **vencer** siegen
5. **mostrar** zeigen
6. **enviar** schicken
7. **todavía** noch
8. **bonito** hübsch

▶ Lösung

1. **regresar**
2. **fácil**
3. **arreglar**
4. **ganar**
5. **enseñar**
6. **mandar**
7. **aún**
8. **bello**

87 Sprechen sie Spanisch?

Wie äußern sich die folgenden Tiere auf Spanisch? Wenn zum Beispiel eine Katze miaut, macht sie *miau*.

1. Der Hund macht wau, wau.
2. Der Hahn macht kikeriki.
3. Der Vogel macht piep, piep.
4. Das Schaf macht mäh, mäh.

▶ Lösung

1. **guau, guau**
2. **quiquiriquí**
3. **pío, pío**
4. **be, be**

88 ¡No se deje usted confundir!

¡Sustituya el verbo dejar por otra palabra con el mismo significado!

1. ¡Caray! Me he *dejado* el bolso en el metro. ____________
2. *Dejó* la moto enfrente de la casa. ____________
3. Me *dejó* su abrigo hasta ayer. ____________
4. Ha *dejado* a su mujer. ____________
5. No me han *dejado* cantar. ____________

89 Polos opuestos

escaso	*fresco*	*salado*	*caliente*	*insípido*	

¡Busque lo contrario de los siguientes adjetivos!

1. soso ____________
2. frío ____________
3. sabroso ____________
4. abundante ____________
5. caluroso ____________

88 Lassen Sie sich nicht verwirren!

Ersetzen Sie das Verb ***dejar*** *lassen* durch ein anderes Wort mit derselben Bedeutung!

1. Mist! Ich habe meine Tasche in der U-Bahn *gelassen*.
2. Er hat das Motorrad vor dem Haus *gelassen*.
3. Er *ließ* mir seinen Mantel bis gestern.
4. Er hat seine Frau *stehen lassen*.
5. Sie haben mich nicht singen *lassen*.

▶ Lösung

1. he olvidado	ich habe vergessen
2. aparcó	er hat geparkt
3. prestó	er lieh
4. ha abandonado	er hat verlassen
5. han permitido	sie haben erlaubt

89 Entgegengesetzte Pole

knapp gesalzen warm fad kühl

Suchen Sie das Gegenteil der folgenden Adjektive!

1. ungesalzen
2. kalt
3. schmackhaft
4. reichlich
5. heiß

▶ Lösung

1. salado	gesalzen
2. caliente	warm
3. insípido	fad
4. escaso	knapp
5. fresco	kühl

92 Contraposiciones

¡Complete las frases con lo contrario de las palabras en paréntesis!

1. Me visto ______________________. (rápidamente)
2. Me ____________ los zapatos. (quito)
3. Los pantalones me quedan ________. (demasiado estrechos)
4. ¡______________ esta falda! (Ponte)
5. ________ las escaleras ______________. (Subo ... corriendo)

93 Del verbo al sustantivo

¿Cuáles son los sustantivos de los siguientes verbos?

1. llegar ______________________
2. conquistar ______________________
3. sorprender ______________________
4. regalar ______________________
5. recordar ______________________
6. llorar ______________________

92 Gegendarstellungen

Ergänzen Sie die Sätze mit dem Gegenteil der Wörter in Klammern!

1. Ich ziehe mich ___ an. (rasch)
2. ___ mir die Schuhe ___. (Ich ziehe ... aus)
3. Die Hose ist mir ___. (zu eng)
4. ___ diesen Rock ___! (Zieh dir ... an)
5. ___ die Treppen ___. (Ich laufe ... hinauf)

▶ Lösung

1. **lentamente** langsam
2. **me pongo** ich ziehe mir an
3. **sueltos** weit
4. **¡quítate!** zieh dir aus!
5. **bajo andando** ich gehe hinunter

93 Vom Verb zum Substantiv

Welches sind die Substantive zu den folgenden Verben?

1. ankommen
2. erobern
3. überraschen
4. schenken
5. sich erinnern
6. weinen

▶ Lösung

1. **la llegada** die Ankunft
2. **la conquista** die Eroberung
3. **la sorpresa** die Überraschung
4. **el regalo** das Geschenk
5. **el recuerdo** die Erinnerung
6. **el llanto** das Weinen

94 El adjetivo correcto

¡Use los siguientes adjetivos para darles sentido a estas frases!

soleado	conocido	aburrido	
soso	roto	azul	

1. La sopa está ____________.
2. Este programa está ____________.
3. Este piso es ____________.
4. El escritor es ____________.
5. Su abrigo es ____________.
6. Tus gafas están ____________.

95 El vestido hace al hombre

¿Quién se pondría generalmente las siguientes prendas de vestir?
¡Marque usted con una cruz!

	hombres	mujeres	ambos[1]
1. boina			
2. vaqueros			
3. leotardos			
4. sujetador			
5. camisa			

[1] **ambos** beide

94 Das richtige Adjektiv

Verwenden Sie die folgenden Adjektive, um diesen Sätzen Sinn zu geben!

sonnig	fad	bekannt	kaputt	langweilig	blau	

1. Die Suppe ist fad.
2. Dieses Programm ist langweilig.
3. Diese Wohnung ist sonnig.
4. Der Schriftsteller ist bekannt.
5. Ihr Mantel ist blau.
6. Deine Brille ist kaputt.

► **Lösung**

1. **sosa**	fad	4. **conocido**	bekannt
2. **aburrido**	langweilig	5. **azul**	blau
3. **soleado**	sonnig	6. **rotas**	kaputt

Erinnern Sie sich? Die Adjektive richten sich in Geschlecht und Zahl nach dem Substantiv: **la falda rayada** der gestreifte Rock, **los zapatos negros** die schwarzen Schuhe.

95 Kleider machen Leute

Wer würde normalerweise die folgenden Kleidungsstücke tragen? Kreuzen Sie an!

1. Baskenmütze
2. Jeans
3. Strumpfhosen
4. BH
5. Hemd

► **Lösung**

1. hombres 2. ambos 3. mujeres 4. mujeres 5. hombres

96 ¡Pase adelante!

¿A qué partes de una casa aluden estas descripciones?

1. cuarto para comer ____________________
2. cuarto para dormir ____________________
3. cuarto para cocinar ____________________
4. cuarto para lavarse ____________________
5. cuarto para mirar la tele ____________________

97 Palabras compuestas

¿Puede completar las siguientes palabras compuestas?

1. vagones de ferrocarril para comer:
   coches ____________________
2. autorización para conducir un coche:
   ______________ de conducir
3. bocadillo de salchichas:
   ______________ caliente
4. perro pequeño que a veces está en las faldas de las mujeres:
   perro ______________

96 Hereinspaziert!

Auf welche Teile eines Hauses verweisen diese Beschreibungen?

1. Zimmer zum Essen
2. Zimmer zum Schlafen
3. Zimmer zum Kochen
4. Zimmer zum Waschen
5. Zimmer zum Fernsehen

▶ Lösung

1.	**comedor**	Esszimmer
2.	**dormitorio**	Schlafzimmer
3.	**cocina**	Küche
4.	**baño**	Badezimmer
5.	**sala de estar**	Wohnzimmer

97 Zusammengesetzte Wörter

Können Sie die folgenden zusammengesetzten Wörter ergänzen?

1. Eisenbahnwaggons zum Speisen
2. Genehmigung zum Fahren eines Autos
3. Semmel mit Würstchen
4. kleiner Hund, der manchmal auf dem Schoß der Frauen sitzt

▶ Lösung

1.	**coche restaurante**	Speisewagen
2.	**permiso/carnet de conducir**	Fahrerlaubnis/Führerschein
3.	**perro caliente**	Hot Dog
4.	**perro faldero**	Schoßhündchen

! Achten Sie auf den Plural **coches restaurante**!
Nur der erste Teil des Wortes wird verändert.

98 Objetos y materiales

Aquí tiene algunos objetos y materiales diferentes. ¡Tome él que corresponda!

cristal	algodón	cuero	oro	madera	acero

1. La mesa es de ________________.
2. El anillo es de ________________.
3. Los pantalones son de ________________.
4. El cuchillo es de ________________.
5. La botella es de ________________.
6. Los zapatos son de ________________.

99 La pequeña diferencia

¿La conoce usted? También en español hay palabras que según el caso, sean masculinas o femeninas, tienen diferente significado.
¡Tradúzcalas!

1. el frente	________________	la frente	________________
2. el orden	________________	la orden	________________
3. el cura	________________	la cura	________________
4. el cólera	________________	la cólera	________________

98 Gegenstände und Materialien

Hier finden Sie verschiedene Gegenstände und Materialien. Ordnen Sie sie einander zu!

Glas Leder Holz Baumwolle Gold Stahl

1. Der Tisch ist aus Holz.
2. Der Ring ist aus Gold.
3. Die Hosen sind aus Baumwolle.
4. Das Messer ist aus Stahl.
5. Die Flasche ist aus Glas.
6. Die Schuhe sind aus Leder.

▶ Lösung

1. madera	Holz
2. oro	Gold
3. algodón	Baumwolle
4. acero	Stahl
5. cristal	Glas
6. cuero	Leder

99 Der kleine Unterschied

Kennen Sie ihn? Auch im Spanischen gibt es Wörter, die je nachdem, ob sie männlich oder weiblich sind, verschiedene Bedeutungen haben.
Übersetzen Sie sie!

▶ Lösung

1. die Front	die Stirn
2. die Ordnung	der Befehl
3. der Pfarrer	die Kur
4. die Cholera	der Jähzorn

100 La palabra precisa

¿Qué verbos se podrían usar en estos casos?

1. poner en orden ____________________
2. ganar peso ____________________
3. hacerse viejo ____________________
4. dar luz ____________________
5. hacer más fuerte ____________________

101 Verbos y sus preposiciones

¡Ponga las preposiciones que pertenecen a los verbos siguientes!

1. Para ir a la oficina paso _____ la plaza.
2. Estos documentos le pertenecen _____ Sr. García.
3. Carlos conoció a María; ahora él piensa mucho _____ ella
4. José sueña _____ su vecina.

100 Das treffende Wort

Welche Verben könnte man in diesen Fällen verwenden?

1. Ordnung machen
2. Gewicht zulegen
3. alt werden
4. Licht geben
5. stärker machen

▶ Lösung

1. **ordenar** ordnen
2. **engordar** zunehmen
3. **envejecer** altern
4. **iluminar** beleuchten
5. **fortalecer** verstärken

101 Verben und ihre Präpositionen

Ergänzen Sie die Präpositionen, die zu den folgenden Verben gehören!

1. Um ins Büro zu kommen, gehe ich <u>über</u> den Hauptplatz.
2. Diese Unterlagen gehören_Herrn García.
3. Carlos lernte Maria kennen; jetzt denkt er oft <u>an</u> sie.
4. José träumt <u>von</u> seiner Nachbarin.

▶ Lösung

1. por 2. al 3. en 4. con

> Vor Nachnamen steht im Spanischen der bestimmte Artikel: **Hablan con *el* Sr. García** Sie sprechen mit Herrn García. Ausgenommen ist die Anrede: **Buenos días, Sr. García** Guten Tag, Herr García.

! Die Spanier träumen nicht *von*, sondern *mit* jemandem (***con***), und denken nicht *an*, sondern *in* jemanden (***en***).

102 Adivinanza amena de profesiones

¿Cómo se llama una persona que ...

1. bendice a la gente en la iglesia? ____________
2. construye los muebles? ____________
3. confecciona trajes? ____________
4. corta el pelo? ____________
5. trabaja en el campo? ____________
6. cura a los enfermos? ____________

103

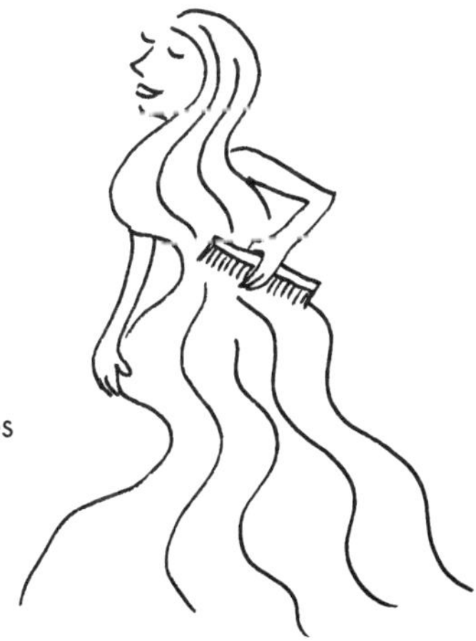

Esto tiene pelos

¡Complete las siguientes frases usando pelo o pelos (según el caso con o sin artículo)!

1. Marta tiene ____________ rubio.
2. Tiene ____________ en el pecho.
3. Cuando escucho su voz se me ponen ____________ de punta.
4. A mí me crece ____________ muy rápido.
5. A ella se la ve mejor con ____________ suelto.

102 Heiteres Beruferaten

Wie heißt einer, der ...

1. die Leute segnet?
2. Möbel herstellt?
3. Anzüge schneidert?
4. Haare schneidet?
5. auf dem Feld arbeitet?
6. Kranke heilt?

▶ **Lösung**

1. **el cura**	der Priester
2. **el carpintero**	der Schreiner
3. **el sastre**	der Herrenschneider
4. **el peluquero**	der Friseur
5. **el campesino**	der Bauer
6. **el médico**	der Arzt

103 Dies bereitet Schwierigkeiten

Ergänzen Sie die folgenden Sätze mit pelo oder pelos (jeweils mit oder ohne Artikel)!

1. Marta hat blonde Haare.
2. Er hat Haare auf der Brust.
3. Wenn ich seine Stimme höre, stehen mir die Haare zu Berge.
4. Mir wachsen die Haare sehr schnell.
5. Ihr stehen offene Haare besser.

▶ **Lösung**

1. **el pelo**
2. **pelos**
3. **los pelos**
4. **el pelo**
5. **pelo**

El pelo bezeichnet das Kopfhaar, **los pelos** die Körperbehaarung beziehungsweise die einzelnen Haare.

! **Tener pelos** heißt Schwierigkeiten bereiten.

104

Juntos pero no revueltos

Un conjunto de árboles puede recibir el nombre de *arboleda* o *bosque*. ¿Cómo se llama ...

1. un grupo de personas que cantan juntos?

____

2. un grupo grande de músicos clásicos?

____

3. una colección de libros? ____________________

105 Tranquilamente

Cambie los adverbios terminados en *-mente* usando en su lugar la preposición *con* + sustantivo.
Ejemplo: tranquilamente → con tranquilidad

1. precisamente ____________________

2. cariñosamente ____________________

3. claramente ____________________

4. lentamente ____________________

5. exactamente ____________________

6. frecuentemente ____________________

104 Zusammen, aber nicht vermischt

Eine Gruppe von Bäumen kann man als *Baumpflanzung* oder *Wald* bezeichnen. Wie heißt ...

1. eine Gruppe von Personen, die gemeinsam singen?

____

2. eine große Gruppe von klassischen Musikern?

____

3. eine Sammlung von Büchern? ________________

▶ **Lösung**

1. un coro	ein Chor
2. una orquesta	ein Orchester
3. una biblioteca	eine Bibliothek

105 In aller Ruhe

Bilden Sie die Adverbien, die auf ***-mente*** enden, um. Benutzen Sie an deren Stelle die Präposition ***con*** + Substantiv.
Beispiel: ruhig → mit Ruhe

1. genau	**3.** deutlich	**5.** genau
2. zärtlich	**4.** langsam	**6.** häufig

▶ **Lösung**

1. con precisión	genau (mit Genauigkeit)
2. con cariño	zärtlich (mit Zärtlichkeit)
3. con claridad	deutlich (mit Klarheit)
4. con lentitud	langsam (mit Langsamkeit)
5. con exactitud	genau (mit Genauigkeit)
6. con frecuencia	häufig (mit Häufigkeit)

Viele Adverbien werden im Spanischen gebildet, indem man an die weibliche Form des Adjektivs die Endung **-mente** anhängt. Beispiel: **tranquilo** → **tranquilamente**.

106 El maravilloso mundo de los colores

¡Póngale mucha vida a estos ejercicios asociándole a cada cosa un color! ¿Qué color tiene ...

1. el plátano?
2. la nieve?
3. un tomate maduro?
4. el chocolate?
5. el cielo despejado?
6. el césped?

107 Especias

En la cocina se encuentran varios frascos de especias. Pero entre ellos hay algunos frascos, que no tienen nada que ver ahí. ¡Encuéntrelos!

perejil	*pimienta*	*comino*	*tornillos*	*azafrán*
azufre	*detergente*	*botones*	*canela*	

106 Die wunderbare Welt der Farben

Bringen Sie viel Leben in die Übungen, indem Sie jeder Sache eine Farbe zuordnen. Welche Farbe hat ...

1. die Banane?
2. der Schnee?
3. eine reife Tomate?
4. die Schokolade?
5. der wolkenlose Himmel?
6. der Rasen?

▶ **Lösung**

1. **amarillo**	gelb
2. **blanco**	weiß
3. **rojo**	rot
4. **marrón**	braun
5. **azul**	blau
6. **verde**	grün

107 Gewürze

In der Küche sind verschiedene Gläschen mit Gewürzen. Es befinden sich aber auch Gläser darunter, die hier nichts zu suchen haben. Finden Sie sie!

Petersilie *Pfeffer* *Kümmel* *Schrauben* *Safran* *Schwefel* *Waschmittel* *Knöpfe* *Zimt*

▶ **Lösung**

el azufre	Schwefel
el detergente	Waschmittel
los botones (*Sing.* **botón**)	Knöpfe
los tornillos	Schrauben

108

Ovejas negras

Se dice que en cada familia siempre hay una ovejita negra. En esta familia de adjetivos, también se encuentra una "ovejita negra" que no va bien con las demás.

1. gracioso, divertido, aburrido, chistoso, festivo
2. lleno, vacío, pleno, completo, repleto
3. diferente, diverso, distinto, divergente, igual
4. bello, lindo, bonito, guapo, rubio

109 Arboles y frutos

¿Cuáles son los frutos que crecen en estos árboles?

1. la higuera
2. el nogal
3. el olivo
4. el manzano
5. el almendro
6. el albaricoquero

108 Schwarze Schafe

Man sagt, dass es in jeder Familie ein schwarzes Schaf gibt. In dieser Familie von Adjektiven findet man auch ein „schwarzes Schäfchen", das nicht zu den anderen passt.

1. lustig, unterhaltsam, langweilig, witzig, fröhlich
2. voll, leer, voll, vollständig, überladen
3. unterschiedlich, verschieden, unterschiedlich, abweichend, gleich
4. schön, hübsch, schön, schick, blond

► Lösung

1. **aburrido**	langweilig
2. **vacío**	leer
3. **igual**	gleich
4. **rubio**	blond

109 Baum und Frucht

Wie heißen die Früchte, die an diesen Bäumen wachsen?

1. Feigenbaum
2. Nussbaum
3. Olivenbaum
4. Apfelbaum
5. Mandelbaum
6. Aprikosenbaum

► Lösung

1. **el higo**	Feige
2. **la nuez**	Nuss
3. **la aceituna** *oder* **la oliva**	Olive
4. **la manzana**	Apfel
5. **la almendra**	Mandel
6. **el albaricoque**	Aprikose

110 Pasado y futuro

Si hoy es el 14 de marzo de 1999, entonces *ayer* fue el 13 de marzo y *mañana* será el 15 de marzo. ¿Y cuándo será o fue ...

1. el 16 de marzo?
2. el 21 de marzo?
3. abril de 1999?
4. 1998?

111 *¿Ser o estar?*

¡Animo! Compléte el siguiente texto con el verbo correcto:

1. Pepe ______ un joven madrileño. Hoy ______ enfermo.
2. ______ en su piso donde vive con su novia Carmen. Carmen ______ de Burgos.
3. Su piso no ______ muy grande pero cómodo.
4. Los dos ______ contentos porque no ______ demasiado caro.
5. ______ en el centro de Madrid y el metro no ______ lejos.

110 Vergangenheit und Zukunft

Wenn heute der 14. März 1999 ist, dann war *gestern* der 13. März, und *morgen* wird der 15. März sein. Und wann ist oder war ...

1. der 16. März?
2. der 21. März?
3. April 1999?
4. 1998?

▶ Lösung

1. **pasado mañana**	übermorgen
2. **la próxima semana/ la semana que viene**	nächste Woche
3. **el próximo mes/ el mes que viene**	nächsten Monat
4. **el año pasado**	letztes Jahr

111 *Ser* oder *estar*?

Nur zu! Setzen Sie in den folgenden Text das richtige Verb ein:

1. Pepe ist ein junger Mann aus Madrid. Heute ist er krank.
2. Er ist in seiner Wohnung, wo er mit seiner Freundin Carmen lebt. Carmen ist aus Burgos.
3. Ihre Wohnung ist nicht sehr groß, aber gemütlich.
4. Beide sind zufrieden, weil sie nicht zu teuer ist.
5. Sie liegt im Zentrum von Madrid, und die Metro ist nicht weit entfernt davon.

▶ Lösung

1. **Pepe es un joven madrileño. Hoy está un poco enfermo.**
2. **Está en su piso donde vive con su novia Carmen. Carmen es de Burgos.**
3. **Su piso no es muy grande pero cómodo.**
4. **Los dos están contentos porque no es demasiado caro.**
5. **Está en el centro de Madrid y el metro no está lejos.**

112 En los tiempos de Maricastaña

Pepín y Luisita preguntan a sus abuelos cómo vivían ellos cuando eran jóvenes. Lea usted lo que cuentan los abuelos y construya frases según este modelo: no tener televisión → *no teníamos televisión*.

1. conversar mucho

 ____

2. trabajar incluso el sábado

 ____

3. jugar a las cartas a menudo

 ____

4. dar un paseo los domingos

 ____

5. ir al cine por las noches

 ____

113 Nadie nace sabiendo

Mientras que en alemán sólo tenemos un verbo para ***können***, en español hay dos: *saber* ***können***, ***wissen*** y *poder* ***können***, ***dürfen***. Vamos a ver si usted ya sabe la diferencia entre los dos. Complete el texto siguiente, por favor:

1. Alberto, ¿__________ abrir la ventana?
2. Nosotros no __________ ni una palabra de árabe.
3. ¿__________ usted buscarme mañana a las ocho?
4. Mi madre no __________ nadar.

112 Anno dazumal

(wörtl.: In den Zeiten von Maricastaña)

Pepín und Luisita fragen ihre Großeltern, wie sie lebten, als sie jung waren. Lesen Sie, was die Großeltern erzählen, und bilden Sie Sätze nach diesem Muster: kein Fernsehen haben → *wir hatten kein Fernsehen.*

1. sich viel unterhalten
2. sogar am Samstag arbeiten
3. oft Karten spielen
4. sonntags spazieren gehen
5. abends ins Kino gehen

► **Lösung**

1. **Conversábamos mucho**
2. **Trabajábamos incluso el sábado**
3. **Jugábamos a las cartas a menudo**
4. **Dábamos un paseo los domingos**
5. **Ibamos al cine por las noches**

113 Es ist noch kein Meister vom Himmel gefallen

(wörtl.: Keiner kommt wissend auf die Welt)

Während wir im Deutschen nur ein Verb für *können* haben, sind es im Spanischen zwei: ***saber*** *können, wissen* und ***poder*** *können, dürfen.* Mal sehen, ob Sie den Unterschied zwischen beiden Verben schon kennen. Vervollständigen Sie bitte den folgenden Text:

1. Alberto, kannst du das Fenster öffnen?
2. Wir können nicht ein Wort Arabisch (sprechen).
3. Können Sie mich morgen um 8 Uhr abholen?
4. Meine Mutter kann nicht schwimmen.

► **Lösung**

1. **Alberto, ¿puedes abrir la ventana?**
2. **Nosotros no sabemos ni una palabra de árabe.**
3. **¿Puede usted buscarme mañana a las ocho?**
4. **Mi madre no sabe nadar.**

114 Homónimos

Algunos sustantivos pueden llevar artículo masculino o femenino. Según el género tienen dos significados diferentes. Un ejemplo: *el policía* **der Polizist** y *la policía* **die Polizei**. ¿Qué significado tienen estas palabras?

1. el capital **a)** la capital
2. el cura **b)** la cura
3. el orden **c)** la orden
4. el pendiente **d)** la pendiente
5. el guardia **e)** la guardia

115 El fin corona la obra

Como usted sabe, la mayoría de los sustantivos españoles termina en *-o* o en *-a*. Pero hay otras terminaciones como p.ej. *-ad*, *-ción*, *-ero* o *-ería*. ¿Cómo terminan las siguientes palabras?

1. recep______

2. panad______

3. verd______

4. tempest______

5. bomb______

6. can______

114 Homonyme

Einige Substantive können entweder einen männlichen oder einen weiblichen Artikel haben. Je nach Geschlecht haben sie verschiedene Bedeutungen. Ein Beispiel: ***el policía*** *der Polizist* und ***la policía*** *die Polizei*. Welche Bedeutung haben die folgenden Wörter?

▶ **Lösung**

1. **el capital**	das Kapital	a)	**la capital**	die Hauptstadt
2. **el cura**	der Pfarrer	b)	**la cura**	die Kur
3. **el orden**	die Ordnung	c)	**la orden**	der Befehl
4. **el pendiente**	der Ohrring	d)	**la pendiente**	der Abhang
5. **el guardia**	der Wächter der Polizist	e)	**la guardia**	die Wache

115 Ende gut, alles gut

(*wörtl.:* Das Ende krönt das Werk)

Wie Sie wissen, enden die meisten spanischen Substantive auf ***-o*** oder ***-a***. Aber es gibt noch andere Endungen, wie z.B. ***-ad, -ción, -ero*** oder ***-ería***. Welche Endung haben die folgenden Wörter?

▶ **Lösung**

1. **la recepción**	Rezeption, Empfang
2. **el panadero**	Bäcker
la panadería	Bäckerei
3. **la verdad**	Wahrheit
4. **la tempestad**	Sturm
5. **el bombero**	Feuerwehrmann
6. **la canción**	Lied

116 Año tras año

Seguro que usted ya sabe una u otra cosa de los días festivos en España, ya sea de fiestas religiosas o de no religiosas. Le damos las fechas y queremos saber de usted sólo los nombres de las varias fiestas:

1. 1 de enero
2. 6 de enero
3. 1 de mayo
4. 12 de octubre
5. 6 de diciembre
6. 24 de diciembre
7. 31 de diciembre

117 ¡Felicitaciones!

Hay diferentes maneras de felicitar a alguien. Depende del motivo. ¿Qué diría usted:

1. si alguien tiene su cumpleaños?
2. si un amigo suyo se ha casado?
3. si alguien ha aprobado un examen?
4. si su colega sale de vacaciones?
5. si usted sale del trabajo el viernes por la tarde?
6. si encuentra a un conocido el 24 de diciembre?

116 Jahr für Jahr

Sicher wissen Sie schon das eine oder andere über die spanischen Feiertage, sei es über kirchliche oder nicht kirchliche Feste. Wir geben Ihnen die Daten vor und möchten von Ihnen nur die Namen der verschiedenen Festtage wissen:

1. 1. Januar
2. 6. Januar
3. 1. Mai
4. 12. Oktober
5. 6. Dezember
6. 24. Dezember
7. 31. Dezember

▶ Lösung

1. **Año Nuevo**	Neujahr
2. **Día de Reyes o Epifanía**	Heilige Drei Könige
3. **Día del Trabajo**	Tag der Arbeit
4. **Día de la Hispanidad**	Tag der hispanischen Völker
5. **Día de la Constitución**	Tag der Verfassung *(Nationalfeiertag)*
6. **Nochebuena**	Heiligabend
7. **Nochevieja**	Silvester

117 Glückwünsche

Es gibt verschiedene Arten, jemandem zu gratulieren. Es kommt ganz auf den Anlass an. Wie würden Sie sagen:

1. wenn jemand Geburtstag hat?
2. wenn ein Freund von Ihnen geheiratet hat?
3. wenn jemand eine Prüfung bestanden hat?
4. wenn ein Kollege in Urlaub geht?
5. wenn Sie am Freitag Nachmittag aus der Arbeit weggehen?
6. wenn Sie am 24. Dezember einen Bekannten treffen?

▶ Lösung

1. **¡Feliz cumpleaños!**
2. **¡Felicitaciones!**
3. **¡Enhorabuena!**
4. **¡Buenas vacaciones!**
5. **¡Buen fin de semana!**
6. **¡Feliz Navidad!**

118

En cuerpo y alma

¿Sabe usted nombrar las partes del cuerpo humano? Elija las palabras del recuadro y escríbalas en la línea correcta del dibujo:

el pelo	*el pie*	*el dedo*		*la boca*
el cuello	la nariz		las orejas	*la mano*
el brazo		*los ojos*	la pierna	

119 El cómo y el porqué

Trate de encontrar las preguntas para las siguientes respuestas. Siga para ello el siguiente modelo:
Es la señora Gómez. ¿Quién es?

1. Es taxista. ______________________
2. Es muy simpática. ______________________
3. Es de Cartagena. ______________________
4. Tiene treinta años. ______________________
5. Trabaja en Murcia. ______________________
6. Está muy cansada hoy. ______________________

118 Mit Leib und Seele

Können Sie die Körperteile eines Menschen benennen? Wählen Sie die Wörter aus dem Kästchen aus, und schreiben Sie sie auf die jeweils richtige Linie in der Zeichnung:

das Haar der Fuß der Finger die Ohren der Mund der Hals die Nase die Hand der Arm die Augen das Bein

▶ Lösung

el pelo	das Haar	**el dedo**	der Finger
el cuello	der Hals	**las orejas**	die Ohren
el brazo	der Arm	**la pierna**	das Bein
el pie	der Fuß	**la boca**	der Mund
la nariz	die Nase	**la mano**	die Hand
los ojos	die Augen		

119 Das Wie und das Warum

Versuchen Sie, die Fragen zu den folgenden Antworten zu finden. Folgen Sie dazu dem folgenden Muster:
Das ist Frau Gómez. Wer ist das?

1. Sie ist Taxifahrerin.
2. Sie ist sehr symphatisch.
3. Sie ist aus Cartagena.
4. Sie ist dreißig Jahre alt.
5. Sie arbeitet in Murcia.
6. Sie ist heute sehr müde.

▶ Lösung

1. **¿Qué es?** Was ist sie von Beruf?
2. **¿Cómo es?** Wie ist sie?
3. **¿De dónde es?** Woher kommt sie?
4. **¿Cuántos años tiene?** Wie alt ist sie?
5. **¿Dónde trabaja?** Wo arbeitet sie?
6. **¿Cómo está hoy?** Wie geht es ihr heute?

Übrigens: Fragewörter tragen im Spanischen immer einen Akzent! Das gilt auch für „indirekte" Fragen: **No sé, cuánto cuesta.** Ich weiß nicht, wie viel es kostet.

120 ¡Cuidado!, muerde

Entre estos diferentes tipos de dientes se han escondido algunos que no corresponden a los dientes del ser humano. ¿Sabe cuáles son?

1. diente de leche
2. diente de sierra
3. diente de león
4. diente incisivo
5. diente venenoso
6. colmillo
7. muela
8. diente de ajo

121 Verde como la hierba

Muchas veces, para comparar o exagerar una característica determinada de una persona, se usan algunas de las expresiones que les ofrecemos a continuación. ¿Podría Ud. encontrar las palabras que completan estas comparaciones?

1. Vicente es fuerte como un ...	**a)** seda
2. Tu piel es suave como la ...	**b)** miel
3. Tus dientes son blancos como la ...	**c)** carbón
4. Tu sonrisa es dulce como la ...	**d)** roble
5. Tu pelo es negro como el ...	**e)** nieve

120 Vorsicht, bissig!

Unter diesen unterschiedlichen Arten von Zähnen haben sich welche versteckt, die keine menschlichen Zähne sind. Wissen Sie, welche es sind?

1. Milchzahn
2. Sägezahn
3. Löwenzahn
4. Schneidezahn
5. Giftzahn
6. Eckzahn
7. Backenzahn
8. Knoblauchzehe *(wörtl.:* Knoblauchzahn)

▶ Lösung

2. diente de sierra	Sägezahn
3. diente de león	Löwenzahn
5. diente venenoso	Giftzahn
8. diente de ajo	Knoblauchzehe

121 Grasgrün

Oft benutzt man einige der folgenden Ausdrücke, um eine bestimmte Eigenschaft einer Person zu vergleichen oder zu übertreiben. Können Sie die Wörter finden, die die folgenden Vergleiche vervollständigen?

1. Vicente ist stark wie eine ...	**a)** Seide
2. Deine Haut ist zart wie ...	**b)** Honig
3. Deine Zähne sind weiß wie ...	**c)** Kohle
4. Dein Lächeln ist süß wie ...	**d)** Eiche
5. Dein Haar ist schwarz wie ...	**e)** Schnee

▶ Lösung

1. d) 2. a) 3. e) 4. b) 5. c)

122 Asociaciones

¿Con qué se podrían relacionar las siguientes palabras?
Ejemplo: perro – hueso

1. reloj	**a)** lluvia
2. luna	**b)** agua
3. nube	**c)** cabeza
4. pez	**d)** huevo
5. cortina	**e)** mano
6. dedo	**f)** ventana
7. sombrero	**g)** hora
8. gallina	**h)** noche

123

¡Practique las preposiciones!

Complete el siguiente texto con las preposiciones que faltan:

Mañana ______ la mañana, ______ las nueve ______ punto, iremos ______ tren ______ Valencia.

Van a ir ______ nosotros unos amigos ______ Francia que están ______ vacaciones ______ España. Están aquí ______ aprender más español.

122 Assoziationen

Womit kann man folgende Wörter in Verbindung bringen?
Beispiel: Hund – Knochen

1. Uhr	**a)** Regen
2. Mond	**b)** Wasser
3. Wolke	**c)** Kopf
4. Fisch	**d)** Ei
5. Vorhang	**e)** Hand
6. Finger	**f)** Fenster
7. Hut	**g)** Stunde
8. Henne	**h)** Nacht

▶ **Lösung**

1. g)	**5. f)**
2. h)	**6. e)**
3. a)	**7. c)**
4. b)	**8. d)**

123 Üben Sie die Präpositionen!

Vervollständigen Sie folgenden Text mit den fehlenden Präpositionen:

Morgen früh um Punkt 9 Uhr fahren wir mit dem Zug nach Valencia. Mit uns werden einige Freunde aus Frankreich fahren, die in Spanien Urlaub machen. Sie sind hier, um besser Spanisch zu lernen.

▶ **Lösung**

Mañana por la mañana, a las nueve en punto, iremos en tren a Valencia. Van a ir con nosotros unos amigos de Francia que están de vacaciones en España. Están aquí para aprender más español.

124

Macho y Hembra

¿Sabe Ud. cuál es el femenino de los siguientes sustantivos?

1. el príncipe ________________
2. el poeta ________________
3. el rey ________________
4. el actor ________________
5. el conde ________________
6. el barón ________________

125 Sin respuesta

Busque las respuestas correctas a las siguientes preguntas o expresiones frecuentes:

1. Gracias
2. ¡Perdone!
3. ¿Cómo está?
4. ¿Quiere tomar un café?
5. ¿Le gusta España?
6. ¿Vamos al cine esta noche?

a) Con mucho gusto.
b) Sí, mucho.
c) De nada.
d) Regular.
e) ¡Vale!
f) No importa.

124 Männchen und Weibchen

Kennen Sie das weibliche Gegenstück zu folgenden Substantiven?

1. der Prinz
2. der Poet
3. der König
4. der Schauspieler
5. der Graf
6. der Baron

▶ Lösung

1.	**el príncipe**	**la princesa**
2.	**el poeta**	**la poetisa**
3.	**el rey**	**la reina**
4.	**el actor**	**la actriz**
5.	**el conde**	**la condesa**
6.	**el barón**	**la baronesa**

125 Unbeantwortet

Suchen Sie die richtigen Antworten auf die folgenden Fragen oder häufig vorkommenden Ausdrücke:

1. Danke!
2. Entschuldigen Sie!
3. Wie geht es Ihnen?
4. Möchten Sie einen Kaffee?
5. Gefällt Ihnen Spanien?
6. Gehen wir heute Abend ins Kino?

a) Sehr gern.
b) Ja, sehr.
c) Nichts zu danken./Bitte.
d) Es geht so.
e) Einverstanden!/Okay!
f) Macht nichts!

▶ Lösung

1. c) 2. f) 3. d) 4. a) 5. b) 6. e)

126

¿Qué están haciendo?

Mire los dibujos. ¿Qué están haciendo las personas? Describa sus acciones en gerundio. Ej.: Olga está haciendo un bizcocho.

127

Frases incompletas

A las siguientes frases les falta una palabra. Trate de completarlas con el sustantivo correcto.

1. Los pájaros no tienen pelo sino ____________.
2. Los libros tienen ____________ de papel.
3. El fútbol es uno de los ____________ más populares.
4. Las gallinas ponen ____________.
5. La naranja es la ____________ que más se exporta en España.

126 Was machen sie?

Sehen Sie sich die Zeichnungen an. Was machen die Personen? Beschreiben Sie ihre Handlungen in der Verlaufsform (Gerundiv). Z.B.: **Olga está haciendo un bizcocho**. Olga backt einen Kuchen.

▶ Lösung

1. **Lola está tomando café.**
2. **Angeles está escribiendo una carta.**
3. **Ramón está mirando la tele.**

Die Verlaufsform wird im Spanischen (ähnlich wie im Englischen) relativ häufig gebraucht. Sie wird immer mit dem Hilfsverb **estar** und einem Verb gebildet. Die Verbform hat bei Verben auf **-ar** die Endung **-ando**, bei Verben auf **-er** oder **-ir** die Endung **-iendo**.

127 Unvollständige Sätze

Den folgenden Sätzen fehlt ein Wort. Versuchen Sie, sie mit dem richtigen Substantiv zu vervollständigen.

1. Die Vögel haben keine Haare, sondern Federn.
2. Die Bücher haben Seiten aus Papier.
3. Fußball ist eine der populärsten Sportarten.
4. Die Hennen legen Eier.
5. Die Apfelsine ist die meistexportierte Frucht Spaniens.

▶ Lösung

1. **Los pájaros no tienen pelo sino plumas.**
2. **Los libros tienen hojas de papel.**
3. **El fútbol es uno de los deportes más populares.**
4. **Las gallinas ponen huevos.**
5. **La naranja es la fruta que más se exporta en España.**

128 ¡Prohibido fumar!

En los más diversos sitios públicos o particulares nos podemos encontrar con diferentes tipos de letreros.
Lea usted los siguientes. ¿Sabe lo que significan? Entonces elija de entre ellos los que indican "peligro":

1. RECIÉN PINTADO

2. PROHIBIDO CRUZAR LAS VÍAS

3. PROHIBIDO PISAR EL CÉSPED

4. CUIDADO CON EL PERRO

5. AGUA NO POTABLE

6. ESTA PROHIBIDO BANARSF

7. SE PAGA EN LA CAJA

8. ES PELIGROSO ASOMARSE AL EXTERIOR

128 Rauchen verboten!

An den verschiedensten öffentlichen oder privaten Plätzen können wir auf unterschiedliche Arten von Hinweisschildern treffen. Lesen Sie die folgenden. Verstehen Sie, was sie bedeuten? Dann wählen Sie die aus, die Gefahr anzeigen:

1. Frisch gestrichen!

2. Überqueren der Gleise verboten!

3. Rasen betreten verboten!

4. Warnung vor dem Hunde!

5. Kein Trinkwasser!

6. Baden verboten!

7. An der Kasse bezahlen!

8. Hinauslehnen verboten *(wörtl.:* gefährlich)!

▶ **Lösung**

2. 4. 5. 6. 8.

129 Esa chica no se chupa el dedo

Tanto en español como en alemán cada uno de los dedos de la mano tiene su propio nombre. ¿Los podría usted nombrar todos en español?

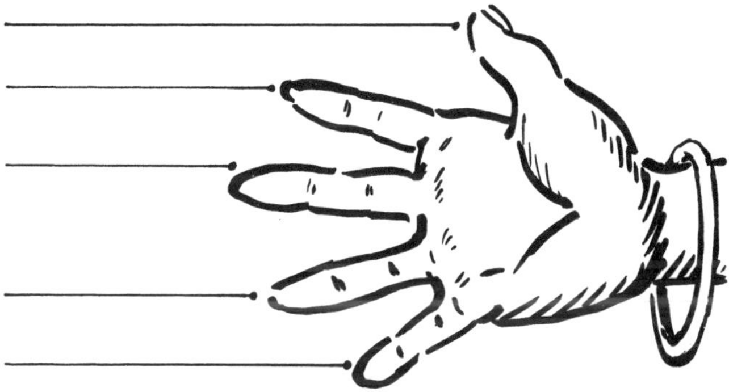

130 Objetos y materiales

papel   lana   vidrio   lata   goma

¿Podría decir de qué materiales están hechos los siguientes objetos? Busque para ello en el recuadro el material adecuado:

1. un periódico es de _______

2. una lata de conserva es de _______

3. un neumático de auto es de _______

4. un jersey es de _______

5. una botella de vino es de _______

129 Dieses Mädchen ist nicht auf den Kopf gefallen

(wörtl.: Dieses Mädchen lutscht nicht am Finger)

Im Spanischen hat jeder einzelne Finger einer Hand seinen eigenen Namen, genau wie im Deutschen. Können Sie sie alle benennen?

▶ Lösung

el pulgar	Daumen
el índice	Zeigefinger
el corazón	Mittelfinger
el anular	Ringfinger
el meñique	kleiner Finger

! *Zehen* heißen im Spanischen genau wie *Finger*, also **dedos**. Zur Unterscheidung sagt man **los dedos del pie**. Übrigens: die große Zehe ist auf Spanisch **el dedo gordo**, also *die dicke Zehe*.

130 Gegenstände und Materialien

Könnten Sie sagen, aus welchem Material folgende Gegenstände bestehen?

1. eine Zeitung ist aus Papier
2. eine Konservendose ist aus Blech
3. ein Autoreifen ist aus Gummi
4. ein Pullover ist aus Wolle
5. eine Weinflasche ist aus Glas

▶ Lösung

1.	**papel**	Papier
2.	**lata**	Blech
3.	**goma**	Gummi
4.	**lana**	Wolle
5.	**vidrio**	Glas

131 Juego de azar

En español hay dos verbos para el alemán **spielen**: *jugar* y *tocar*. ¿Conoce usted la diferencia? Complete con el verbo correcto:

1. El sábado voy a __________ al tenis.
2. Ana __________ el piano.
3. Nos gusta __________ a las cartas.
4. Los chicos __________ al fútbol.
5. ¿Sabes __________ algún instrumento?

132 Todo lo contrario

Hay muchos adjetivos para describir a una persona, sea por su aspecto físico o por su carácter. Trate de expresar lo contrario de lo que indican los adjetivos siguientes:

1. alto ↔ __________
2. delgado ↔ __________
3. joven ↔ __________
4. rubio ↔ __________
5. guapo ↔ __________

131 Glücksspiel

Im Spanischen gibt es zwei Verben für das deutsche *spielen:* **jugar** und **tocar**. Kennen Sie den Unterschied? Setzen Sie das richtige Verb ein:

1. Am Samstag werde ich Tennis spielen.
2. Ana spielt Klavier.
3. Wir spielen gern Karten.
4. Die Jungen spielen Fußball.
5. Kannst du ein Instrument spielen?

▶ Lösung

1. **El sábado voy a jugar al tenis.**
2. **Ana toca el piano.**
3. **Nos gusta jugar a las cartas.**
4. **Los chicos juegan al fútbol.**
5. **¿Sabes tocar algún instrumento?**

132 Ganz im Gegenteil

Es gibt viele Eigenschaftswörter, mit denen man eine Person beschreiben kann, sei es vom Aussehen oder vom Charakter her. Versuchen Sie jeweils das Gegenteil von dem zu finden, was die folgenden Adjektive beschreiben:

1. groß ↔ klein, niedrig
2. schlank ↔ dick
3. jung ↔ alt
4. blond ↔ dunkelhaarig
5. hübsch ↔ hässlich

▶ Lösung

1. **alto ↔ bajo**
2. **delgado ↔ gordo**
3. **joven ↔ viejo**
4. **rubio ↔ moreno**
5. **guapo ↔ feo**

133 *¿Para o por?*

La diferencia entre *para y por* no es muy fácil para alemanes que aprenden español. Ahora tiene una oportunidad de practicar el uso de *para y por*:

1. Muchas gracias ______ el ramo de flores.
2. Necesito dinero ______ un viaje.
3. He comprado este vestido ______ sólo 4000 pesetas.
4. Este regalo es ______ Ana.
5. Paco quiere ______ su cumpleaños una bicicleta.
6. ______ ir a la iglesia paso ______ la plaza.

134 Expresiones de la vida diaria

Si sabe lo que significan las siguientes expresiones le será fácil encontrar la continuación correcta.

1. No he podido cerrar un ojo, ...
   a) necesito lavármelo.
   b) necesito dormir.
   c) necesito gafas.
2. Pepe tiene muchos humos, ...
   a) fuma pipa.
   b) se cree algo mejor.
   c) el humo le molesta.

133 *Para* oder *por*?

Die Unterscheidung zwischen ***para*** und ***por*** ist für Deutsche, die Spanisch lernen, nicht ganz einfach. Jetzt haben Sie Gelegenheit, den Gebrauch von ***para*** und ***por*** zu üben:

1. Vielen Dank für den Blumenstrauß.
2. Ich brauche Geld für eine Reise.
3. Ich habe dieses Kleid für nur 4000 Peseten gekauft.
4. Dieses Geschenk ist für Ana.
5. Paco will zu seinem Geburtstag ein Fahrrad.
6. Um in die Kirche zu gehen, gehe ich über den Platz.

► **Lösung**

1. Muchas gracias por el ramo de flores.
2. Necesito dinero para un viaje.
3. He comprado este vestido por sólo 4000 pesetas.
4. Este regalo es para Ana.
5. Paco quiere para su cumpleaños una bicicleta.
6. Para ir a la iglesia paso por la plaza.

134 Ausdrücke aus dem täglichen Leben

Wenn Sie wissen, was die folgenden Ausdrücke bedeuten, ist es für Sie leicht, die richtige Fortsetzung zu finden.

1. Ich konnte kein Auge zumachen, ...
a) ich muss es mir waschen.
b) ich muss schlafen.
c) ich brauche eine Brille.

2. Pepe ist sehr eingebildet, ...
(wörtl.: Pepe hat viel Rauch)
a) er raucht Pfeife.
b) er glaubt, etwas Besseres zu sein.
c) der Rauch stört ihn.

► **Lösung**

1. b) 2. b)

135

Al pan, pan, y al vino, vino

Imagínese usted que va de compras al mercado. Anda de puesto en puesto y pide las cosas que necesita en la cantidad que quiere:

1. sardinas
2. naranjas
3. vino
4. huevos
5. queso manchego
6. lechuga

a) un trozo de
b) una
c) una lata de
d) medio kilo de
e) un litro de
f) una docena de

135 Die Dinge beim Namen nennen

(wörtl.: Das Brot Brot und den Wein Wein [nennen])

Stellen Sie sich vor, Sie gehen auf den Markt zum Einkaufen. Sie gehen von Stand zu Stand und verlangen die Dinge, die Sie brauchen, in der Menge, die Sie möchten:

1. Sardinen
2. Orangen
3. Wein
4. Eier
5. Käse aus der Mancha
6. Kopfsalat

a) ein Stück
b) einen
c) eine Büchse
d) ein halbes Kilo
e) einen Liter
f) ein Dutzend

▶ Lösung

1. c)	**una lata de sardinas**	eine Büchse Sardinen
2. d)	**medio kilo de naranjas**	ein halbes Kilo Orangen
3. e)	**un litro de vino**	einen Liter Wein
4. f)	**una docena de huevos**	ein Dutzend Eier
5. a)	**un trozo de queso manchego**	ein Stück Käse aus der Mancha
6. b)	**una lechuga**	einen Kopfsalat

136 Idiomas del mundo animal

En un grupo de animales se escuchan diferentes sonidos. ¿Sabe qué sonido viene de qué animal?

zumban	*ladran*	*balan*	*relinchan*	*maúllan*	*cacarean*

1. los caballos ______________
2. las gallinas ______________
3. las ovejas ______________
4. las abejas ______________
5. los perros ______________
6. los gatos ______________

137 Cada uno es especialista en su oficio

En cada frase se indica lo que hacen las personas que ejercen ciertos oficios. ¿Sabe de qué oficios se trata?

¿Cómo se llama el oficio de la persona que ...

1. hace el pan?
2. corta el pelo?
3. fabrica y repara zapatos?
4. construye los muebles?

136 Sprachen aus der Tierwelt

In einer Schar von Tieren hört man unterschiedliche Laute. Wissen Sie, welcher Laut von welchem Tier kommt?

summen	bellen	blöken	wiehern	miauen	gackern

1. die Pferde
2. die Hühner
3. die Schafe
4. die Bienen
5. die Hunde
6. die Katzen

► **Lösung**

1.	**los caballos relinchan**	die Pferde wiehern
2.	**las gallinas cacarean**	die Hühner gackern
3.	**las ovejas balan**	die Schafe blöken
4.	**las abejas zumban**	die Bienen summen
5.	**los perros ladran**	die Hunde bellen
6.	**los gatos maúllan**	die Katzen miauen

137 Jeder ist Fachmann in seinem Beruf

Jeder Satz zeigt, was die Leute machen, die bestimmte Berufe ausüben. Wissen Sie, um welche Berufe es sich handelt?

Was ist der Beruf der Person, die …

1. Brot macht?
2. Haare schneidet?
3. Schuhe herstellt und repariert?
4. Möbel herstellt?

► **Lösung**

1.	**panadero**	Bäcker
2.	**peluquero**	Frisör
3.	**zapatero**	Schuster
4.	**carpintero**	Schreiner

138 ¡Grande, más grande, grandísimo!

Intensifique el contenido de estas frases usando para los adjetivos o adverbios que aparecen en ellas la terminación *-ísimo* o *-ísima*.

Por ejemplo: Jorge es muy pobre. → Jorge es pobrísimo.

1. Ella es muy elegante.

____

2. El trabaja mucho.

____

3. Emilia es muy guapa.

____

4. La silla es muy cómoda.

____

5. Esta paella está muy sabrosa.

____

6. ¡Muchas gracias!

____

138 Groß, größer, riesengroß!

Intensivieren Sie diese Sätze durch Verwendung der Endungen ***-ísimo*** oder ***-ísima***.

Zum Beispiel: Jorge ist sehr arm. → Jorge ist ausgesprochen arm.

1. Sie ist sehr elegant.
2. Er arbeitet viel.
3. Emilia ist sehr hübsch.
4. Der Stuhl ist sehr bequem.
5. Diese Paella ist sehr schmackhaft.
6. Vielen Dank!

▶ Lösung

1. **Ella es elegantísima.**
2. **El trabaja muchísimo.**
3. **Emilia es guapísima.**
4. **La silla es comodísima.**
5. **Esta paella está sabrosísima.**
6. **¡Muchísimas gracias!**

139 Más dulce que la miel

Algunas de estas comparaciones se usan en el lenguaje familiar. Para completarlas ponga el adjetivo en comparativo.

1. José es ______________ que una rata. (pobre)
2. El alumno es ______________ que una liebre. (tímido)
3. El coche de Paco es ______________ que una tortuga. (lento)
4. El nuevo profesor es ______________ que un zorro. (astuto)

140 Si yo fuera rico ...

Imagine: ¿Que pasaría si alguien nos regalase un millón de francos suizos?

1. Yo ______________ (dar) una vuelta al mundo.
2. Mi hermano Julio ______________ (comprar) un ordenador rapidísimo.
3. La tía Marisa ______________ (dejar) de trabajar.
4. Mis padres ______________ (comprar) una casa con un jardín grande.
5. Susanita ______________ (hacer) cualquier tontería.
6. Toda la familia ______________ (pasar) un mes en una isla del Caribe.

139 Süßer als Honig

Einige dieser Vergleiche benutzt man in der Umgangssprache. Um sie zu vervollständigen, setzen Sie das Adjektiv im Komparativ ein.

1. José ist ärmer als eine Ratte.
2. Der Schüler ist schüchterner als ein Hase.
3. Pacos Auto ist langsamer als eine Schildkröte.
4. Der neue Lehrer ist schlauer als ein Fuchs.

► Lösung

1. **José es más pobre que una rata.**
2. **El alumno es más tímido que una liebre.**
3. **El coche de Paco es más lento que una tortuga.**
4. **El nuevo profesor es más astuto que un zorro.**

140 Wenn ich reich wäre ...

Stellen Sie sich vor: Was würde passieren, wenn uns jemand eine Million Schweizer Franken schenkte?

1. Ich würde eine Weltreise machen.
2. Mein Bruder Julio würde einen superschnellen Computer kaufen.
3. Tante Marisa würde aufhören zu arbeiten.
4. Meine Eltern würden ein Haus mit einem großen Garten kaufen.
5. Susanita würde irgendeine Dummheit anstellen.
6. Die ganze Familie würde einen Monat auf einer Karibikinsel verbringen.

► Lösung

1. **Yo daría una vuelta al mundo.**
2. **Mi hermano Julio compraría un ordenador rapidísimo.**
3. **La tía Marisa dejaría de trabajar.**
4. **Mis padres comprarían una casa con un jardín grande.**
5. **Susanita haría cualquier tontería.**
6. **Toda la familia pasaría un mes en una isla del Caribe.**

141

Deseos pequeños y grandes

En Alemania, cuando una persona estornuda, hay quienes le desean a esta persona **Gesundheit!** En España, en cambio, detrás de un estornudo no se suele escuchar *¡salud!*
¿Qué expresiones se usan en las siguientes ocasiones?

1. *¡Atchiss!* (cuando alguien estornuda).
2. Cuando alguien está enfermo.
3. Al empezar a comer.
4. Cuando alguien nos cuenta que va a ir al cine, al teatro ...
5. Cuando alguien se despide de nosotros porque se va a acostar.

141 Kleine und große Wünsche

Wenn in Deutschland jemand niest, wünschen manche diesem Menschen *Gesundheit*. In Spanien hingegen hört man bei einem Nieser gewöhnlich nicht **¡salud!** Welche Ausdrücke gebraucht man bei folgenden Gelegenheiten?

1. *Hatschi!* (Wenn jemand niest).
2. Wenn jemand krank ist.
3. Wenn jemand zu essen beginnt.
4. Wenn jemand uns erzählt, dass er ins Kino, ins Theater … geht.
5. Wenn jemand sich von uns verabschiedet, weil er ins Bett geht.

► Lösung

1. **¡Jesús!**	Gesundheit! *(wörtl.:* Jesus!)
2. **¡Que te mejores!** **¡Que se mejore!**	Gute Besserung!
3. **¡Que aproveche!** oder **¡Buen provecho!**	Guten Appetit!
4. **¡Que te diviertas!** **¡Que se divierta!**	Viel Spaß!
5. **¡Que descanses!** **¡Que descanse!**	Gute Nacht! *(wörtl.:* Erhol dich gut!)

Land & Leute

1 Reunión española

Los habitantes de Madrid se llaman madrileños, los de Sevilla sevillanos. ¿Cómo se llaman los habitantes de ...

1. Málaga? ____________________
2. Cádiz? ____________________
3. Salamanca? ____________________
4. Bilbao? ____________________
5. Cuenca? ____________________
6. Barcelona? ____________________

2 Preguntando se aprende ...

Pepito y su padre pasean por las calles de Barcelona.

– Papá, ¿cuál es la parte más antigua de la ciudad?
– Mmmm, no sé exactamente ...
– Papá, ¿cómo se llama esta iglesia de las cuatro torres extrañas?
– Pues, lo he olvidado.
– ¿Quién la ha construido?
– Algún arquitecto con un nombre chistoso[1].
– ¿Cuándo comenzó con la construcción?
– Pues, no sé el año exacto.
– Papá, te canso con mis preguntas ¿verdad?
– No importa. Pregunta, hijo, porque sólo preguntando se aprende.

¿Puede contestar usted a las preguntas de Pepito?

[1] **chistoso, -a** witzig, lustig

1 Spanische Runde

Die Einwohner von Madrid heißen **madrileños**, die von Sevilla **sevillanos**. Wie heißen die Einwohner von ...?

► Lösung

1. **malagueños**
2. **gaditanos**
3. **salmantinos**
4. **bilbaínos**
5. **conquenses**
6. **barceloneses**

2 Durch Fragen lernt man ...

Pepito und sein Vater gehen durch die Straßen von Barcelona.

– Papa, welches ist der älteste Teil der Stadt?
– Hm, ich weiß es nicht genau ...
– Papa, wie heißt diese Kirche mit den vier seltsamen Türmen?
– Nun ... das habe ich vergessen.
– Wer hat sie gebaut?
– Irgendein Architekt mit einem lustigen Namen.
– Wann hat er mit dem Bau begonnen?
– Also ... das genaue Jahr kenne ich nicht.
– Papa, ich langweile dich mit meinen Fragen, nicht wahr?
– Macht nichts. Frag nur, mein Sohn, denn nur durch Fragen lernt man.

Können Sie auf Pepitos Fragen antworten?

► Lösung

Der älteste Teil von Barcelona ist das Viertel **Barrio Gótico**. Die Kirche mit den seltsamen Türmen, nach der Pepito fragt, ist die Kathedrale **Sagrada Familia** (Heilige Familie). Der Architekt **Antonio Gaudí** (1852–1926) begann 1883 mit ihrem Bau. Sie ist bis heute nicht fertiggestellt.

3

... está situado en el Golfo de Biscaya en el norte de España. La lengua de los habitantes se llama euskera, es la única lengua preindogermana hablada en el oeste de Europa. Esta región se hizo famosa a nivel mundial por la gorra[1] de los hombres que se tomó para la moda general.
¿Conoce el nombre de esta gorra? ¿Y cómo se llama la región en español?

[1] **gorra** *f* Mütze

4 Las Fallas

Las fiestas más famosas de Valencia usted no se las debería perder de ninguna forma. Más de 300 gigantescas figuras de cartón están colocadas en las calles. Ya a partir del 12 de marzo tienen lugar importantes corridas, desfiles y fuegos artificiales. Sin embargo, ¿la noche del 19 de marzo la fiesta llega a su culminación con ...

1. un desfile de antorchas[1]?
2. la quema[2] de las figuras de cartón?
3. una carrera[3] de niños?

[1] **antorcha** *f* Fackel
[2] **quema** *f* Verbrennung
[3] **carrera** *f* Wettlauf

3 Euskadi ...

... liegt am Golf von Biskaya in Nordspanien. Die Sprache der Einwohner, **euskera** genannt, ist die einzige noch gesprochene vorindogermanische Sprache in Westeuropa. Weltberühmt wurde diese Region durch die Mütze der Männer, die in die allgemeine Mode übernommen wurde.
Kennen Sie den Namen dieser Mütze? Und wie lautet der spanische Name der Region?

▶ Lösung

la boina	die Baskenmütze
País Vasco	das Baskenland

Die Basken selbst nennen ihr Land **Euskadi.**

4 Die Fallas

Valencias berühmtestes Fest sollten Sie sich auf keinen Fall entgehen lassen. Über 300 überdimensionale Pappmachéfiguren sind in den Straßen aufgestellt. Schon ab dem 12. März finden große Stierkämpfe, Umzüge und Feuerwerke statt. In der Nacht vom 19. März jedoch erreicht das Fest seinen Höhepunkt mit ...

1. einem großen Fackelzug?
2. dem Verbrennen der Pappmachéfiguren?
3. einem Kinderwettlauf?

▶ Lösung

2.

5 Paseo por las ciudades

¿Qué monumentos están en estas ciudades?

1. Tiahuanaco (Bolivia)	**a)** la Pirámide del Sol
2. Oajaca (México)	**b)** La Sagrada Familia
3. Barcelona	**c)** el Palacio de Mitla
4. Teotihuacán (México)	**d)** la Alhambra
5. Granada	**e)** el Templo del Sol
6. Cuzco (Perú)	**f)** la Puerta del Sol

6 ¿Conoce a Goya?

El gran pintor nació el
30 de marzo de 1746
en un pueblo de la provincia de Zaragoza. Su apellido[1] es Goya y Lucientes.

¿Y su nombre[2]?
1. a) José Fernando **b)** José Francisco **c)** Francisco José

A los 47 años se quedó:
2. a) ciego **b)** sordo **c)** mudo

Goya llegó a ser el pintor de la Corte. ¿Cómo se llaman sus cuadros más famosos?

3. a) La bella mujer con ropa se llama ______________.

b) La bella mujer sin ropa se llama ______________.

c) En 1800 pintó su obra más conocida:

La familia de ______________.

[1] **apellido** *m* Nachname
[2] **nombre** *m* Vorname

5 Städtebummel

Welche Baudenkmäler befinden sich in diesen Städten?

1. Tiahuanaco (Bolivien)	**a)** die Sonnenpyramide
2. Oajaca (Mexiko)	**b)** die Heilige Familie (*Kirche*)
3. Barcelona	**c)** Der Palast von Mitla
4. Teotihuacán (Mexiko)	**d)** die Alhambra
5. Granada	**e)** der Sonnentempel
6. Cuzco (Peru)	**f)** das Sonnentor

► Lösung

1. f) 2. c) 3. b) 4. a) 5. d) 6. e)

X

6 Kennen Sie Goya?

Der große Maler wurde am 30. März 1746 in einem Dorf in der Provinz Zaragoza geboren. Sein Nachname ist ***Goya y Lucientes***.

Und sein Vorname?
1. a) José Fernando b) José Francisco c) Francisco José

Mit 47 Jahren wurde er:
2. a) blind **b)** taub **c)** stumm

Goya wurde Hofmaler. Wie heißen seine berühmtesten Bilder?
3. a) Die schöne Frau mit Kleidung heißt ___.
b) Die schöne Frau ohne Kleidung heißt ___.
c) 1800 malte er sein bekanntestes Werk: ___ und seine Familie.

► Lösung

1. c) Francisco José
2. b) Er wurde stumm.

3. a) La Maja vestida	Die bekleidete Maja
b) La Maja desnuda	Die nackte Maja
c) La familia de Carlos IV	Karl IV. und seine Familie

7 Huevos

Según la estadística cada español come 306 huevos al año. Sería aburrido si los prepararían de una misma manera. Finalmente hay diferentes formas de prepararlos:

1. huevos fritos
2. huevos duros
3. huevos pasados por agua
4. huevos revueltos
5. huevos al plato
6. huevos escalfados

8

Don Quijote y el queso

Esta región se encuentra al sureste de Madrid. Sobre todo es conocida por sus molinos de viento contra los cuales luchó Don Quijote. El toma el nombre de la región como sobrenombre. De esta región proviene también un sabroso queso de oveja.
¿Cómo se llama este queso y cuál es el nombre de la región?

X

7 Eier

Laut Statistik isst jeder Spanier 306 Eier im Jahr. Es wäre langweilig, wenn sie sie immer auf dieselbe Art und Weise zubereiten würden. Es gibt schließlich verschiedene Möglichkeiten:

▶ Lösung

1. **huevos fritos**	von beiden Seiten gebratene Spiegeleier
2. **huevos duros**	hartgekochte Eier
3. **huevos pasados por agua**	weichgekochte Eier
4. **huevos revueltos**	Rühreier
5. **huevos al plato**	Spiegeleier
6. **huevos escalfados**	verlorene Eier

X

8 Don Quijote und der Käse

Diese Region liegt südöstlich von Madrid. Sie ist vor allem durch die Windmühlen bekannt, gegen die Don Quijote kämpfte. Er trägt übrigens den Namen der Region in seinem Beinamen. Auch ein besonders schmackhafter Schafskäse stammt aus dieser Gegend.
Wie heißt dieser Käse und wie lautet der Name der Region?

▶ Lösung

queso manchego
La Mancha

La Mancha ist eine flache Hochebene mit kalten Wintern und heißen, trockenen Sommern. Sie ist die Hauptkornkammer Spaniens und das größte Weinbaugebiet der Iberischen Halbinsel.

9 El dinero se ha hecho redondo para que ruede

¿Qué moneda pertenece a qué país?

1. el bolívar	**a)** Argentina y México
2. el sucre	**b)** Guatemala
3. el colón	**c)** Paraguay
4. el peso	**d)** Venezuela
5. el quetzal	**e)** Perú
6. el sol	**f)** Ecuador
7. la peseta	**g)** Costa Rica
8. el guaraní	**h)** España

10

Un lugar de retiro

En julio Madrid es un horno[1] y todos los que no tienen que trabajar por esa razón se retiran al Retiro. ¿Qué es el Retiro?

1. una exposición de pintura
2. un parque
3. una pradera junto al río Manzanares

[1] **horno** *m* Backofen

9 Das Geld ist rund, damit es rollt

Welche Münze gehört zu welchem Land?

1. der Bolivar	**a)** Argentinien und Mexiko
2. der Sucre	**b)** Guatemala
3. der Colon	**c)** Paraguay
4. der Peso	**d)** Venezuela
5. der Quetzal	**e)** Peru
6. der Sol	**f)** Ecuador
7. die Peseta	**g)** Costa Rica
8. der Guarani	**h)** Spanien

▶ Lösung

1. d) 2. f) 3. g) 4. a) 5. b) 6. e) 7. h) 8. c)

Bis 199 wird bei der Mengenangabe der Münzen oder Scheine kein Unterschied zwischen männlich und weiblich gemacht, also: **ciento cincuenta pesos** 150 Pesos – **ciento cincuenta pesetas** 150 Peseten.
Ab 200 werden die Mengenangaben dem Geschlecht angepaßt: **doscientos pesos** 200 Pesos – **doscientas pesetas** 200 Peseten.

10 Ein Zufluchtsort

Im Juli ist Madrid ein Backofen, und jeder, der nicht arbeiten muß, zieht sich deshalb in den **Retiro** zurück. Was ist der **Retiro?**

1. eine Gemäldeausstellung
2. ein Park
3. eine Auenlandschaft am Fluß **Manzanares**

▶ Lösung

2. Noch vor etwa hundert Jahren war der **Retiro** ein Privatpark in königlichem Besitz. Heute ist die grüne Lunge von Madrid allen zugänglich. Mit einem Bootsverleih, einem zoologischen Garten, Ausstellungsräumen und viel Grünfläche bietet er Alt und Jung Erholung.

11 Y ahora un poco de geografía

¿Qué tal su conocimiento geográfico? ¡Marque con una cruz correcto (C) o falso (F)!

1. Cataluña está en el sur de España.	C	F
2. La región de La Rioja limita con Andalucía.	C	F
3. El País Vasco está en el norte de España.	C	F
4. Portugal limita con Andalucía.	C	F
5. Madrid está en Galicia.	C	F

12

Caballo o dama

Don Quijote, el caballero noble,
se ha hecho famoso en todo el mundo.

1. ¿Quién ha inventado esta figura literaria?
2. ¿Cuál era el nombre completo del caballero?
3. Dos damas desempeñaron un papel[1] en su vida: Dulcinea y Rosinante. Una de ellas era su caballo y la otra su adorada[2]. ¿Pero entonces quién era quién?

[1] **desempeñar un papel** eine Rolle spielen
[2] **adorada** *f* Angebetete

11 Und jetzt etwas Geografie

Wie ist's um Ihre Geografiekenntnisse bestellt? Kreuzen Sie richtig (C) oder falsch (F) an!

1. Katalonien liegt im Süden Spaniens.
2. Die Region La Rioja grenzt an Andalusien.
3. Das Baskenland liegt im Norden Spaniens.
4. Portugal grenzt an Andalusien.
5. Madrid liegt in Galicien.

▶ Lösung

1. **F** Katalonien liegt im Nordosten Spaniens.
2. **F** La Rioja grenzt an Castilla y León und an Navarra y Aragón.
3. **C**
4. **C**
5. **F** Madrid liegt in Kastilien.

Wenn Sie mehr als drei falsche Antworten haben, empfehlen wir Ihnen dringend eine Rundreise durch Spanien!

12 Pferd oder Dame

Don Quijote, der edle Ritter, ist weltberühmt geworden.

1. Wer hat diese literarische Figur erfunden?
2. Wie hieß der Ritter mit vollem Namen?
3. Zwei Damen spielten in seinem Leben eine Rolle: Dulcinea und Rosinante. Die eine war sein Pferd, die andere seine Angebetete. Wer war nun wer?

▶ Lösung

1. **Miguel de Cervantes**
2. **Don Quijote de la Mancha**
3. **Dulcinea** war die Angebetete des Ritters, **Rosinante** sein Pferd.

13 Pascua Florida

La Pascua Florida es la fiesta del nuevo despertar de la naturaleza y la fiesta de la Resurrección[1]. En la España católica hay cientos de costumbres de Pascua. Empiezan con canciones en la calle y terminan por la quemada de un muñeco[2] de Judas. Estas fiestas, sin embargo, todas tienen algo en común: Son alegres y turbulentas – como todas las fiestas españolas. Esta alegría incluso ha llegado a ser proverbial:

Quien está muy alegre, en España está como ______________.

[1] **Resurrección** *f* Auferstehung
[2] **muñeco** *m* Puppe

14 El descubrimiento de América

El 12 de octubre se celebra el Día de la Hispanidad ya que este día con el descubrimiento de las Bahamas en 1492 se inició el descubrimiento de América. A ver ¿qué sabe usted sobre este acontecimiento?

1. ¿Quién descubrió América?
a) Juan sin Tierra
b) Cristóbal Colón
c) Vasco da Gama

2. ¿Dónde nació el descubridor de América?
a) en Genova (Italia)
b) en Sines (Portugal)
c) en Málaga (España)

3. ¿Con cuántas caravelas descubrió el nuevo continente y cómo se llamaban?
a) con una caravela
b) con dos caravelas
c) con tres caravelas

Se llamaban:

13 Ostern

Ostern ist das Fest des Wiedererwachens der Natur und das Fest der Auferstehung. Im katholischen Spanien gibt es Hunderte von Osterbräuchen. Sie reichen von Gesängen auf der Straße bis zum Verbrennen einer Judaspuppe. Eines haben diese Feste jedoch alle gemeinsam: Es geht – wie immer auf spanischen Festen – fröhlich und ausgelassen zu. Diese Fröhlichkeit ist sogar sprichwörtlich geworden:
Wer sehr fröhlich ist, ist in Spanien wie ___.

▶ Lösung

estar como una pascua guter Dinge sein
(wörtl.: wie Ostern sein)

14 Die Entdeckung Amerikas

Am 12. Oktober wird der Tag der Hispanität begangen, da an diesem Tag mit der Entdeckung der Bahamas 1492 die Entdeckung Amerikas eingeläutet wurde. Mal sehen, was Sie über dieses Ereignis wissen.

1. Wer entdeckte Amerika?
a) Johann ohne Land **b)** Christoph Kolumbus
c) Vasco da Gama

2. Wo wurde der Entdecker von Amerika geboren?
a) in Genua (Italien) **b)** in Sines (Portugal)
c) in Málaga (Spanien)

3. Mit wie vielen Karavellen entdeckte er die Neue Welt und wie hießen sie?
a) mit einer Karavelle **b)** mit zwei Karavellen
c) mit drei Karavellen

Sie hießen:

▶ Lösung

1. b) 2. a) 3. c)

Die Karavellen hießen **la Santa María**, **la Niña** und **la Pinta**.

15 Mario Vargas Llosa

El famoso escritor de Latinoamérica nació el 28 de marzo de 1936 en Arequipa (Perú).

1. ¿Cuál es su nacionalidad?
a) española
b) peruana
c) inglesa

2. ¿Dónde vive actualmente?
a) en París
b) en Barcelona
c) en Londres

16 De América a Europa

¿Cuáles son los seis productos que trajeron los españoles de América a Europa?

1. la patata
2. la canela
3. el comino
4. el tomate
5. la aceituna
6. la vainilla
7. el cacao
8. el maíz
9. el tabaco
10. el café

15 Mario Vargas Llosa

Der berühmte lateinamerikanische Schriftsteller wurde am 28. März 1936 in Arequipa (Peru) geboren.

1. Welche Staatsbürgerschaft hat er?
   a) die spanische
   b) die peruanische
   c) die englische
2. Wo lebt er heute?
   a) in Paris
   b) in Barcelona
   c) in London

▶ **Lösung**

1. a) 2. b)

Mario Vargas Llosa hat die spanische Staatsbürgerschaft angenommen und lebt heute in Barcelona. Seine Romane sind gesellschaftskritisch. Bekannt sind: ***La ciudad y los perros*** *Die Stadt und die Hunde*, ***La casa verde*** *Das grüne Haus*, ***Pantaleón y los visitadores*** *Der Hauptmann und sein Frauenbataillon* und ***La tía Julia y el escribidor*** *Tante Julia und der Lohnschreiber*.

16 Von Amerika nach Europa

Welche sechs Produkte brachten die Spanier von Amerika nach Europa?

1. die Kartoffel	**6.** die Vanille
2. den Zimt	**7.** den Kakao
3. den Kümmel	**8.** den Mais
4. die Tomate	**9.** den Tabak
5. die Olive	**10.** den Kaffee

▶ **Lösung**

1. 4. 6. 7. 8. 9.

17 Andorra

Andorra es un principado situado en los Pirineos al norte de la provincia de Lérida. Sus habitantes viven del comercio, del turismo y de la ganadería.
Pero, ¿cómo se llaman?

1. andorreros
2. andorrinos
3. andorranos
4. andorreños

18 Río arriba y río abajo

¿Cómo se llaman los siguientes ríos alemanes en español?

1. die Donau ____________________

2. die Mosel ____________________

3. der Rhein ____________________

4. der Main ____________________

5. die Elbe ____________________

19 El mundo español

¿Cuántos millones de hispanohablantes cree usted que hay actualmente en todo el mundo?

1. 190 millones
2. 280 millones
3. 320 millones
4. 400 millones

17 Andorra

Andorra ist ein Fürstentum in den Pyrenäen nördlich der Provinz Lérida. Seine Einwohner leben vom Handel, vom Tourismus und von der Viehzucht.
Aber wie heißen sie eigentlich?

▶ Lösung

3. andorranos Andorraner

! Nennen Sie die Andorraner auf keinen Fall **andorreros**, denn das sind Herumtreiber.

18 Flussaufwärts und flussabwärts

Wie heißen die folgenden deutschen Flüsse auf Spanisch?

▶ Lösung

1. die Donau **el Danubio**
2. die Mosel **el Mosela**
3. der Rhein **el Rin**
4. der Main **el Meno**
5. die Elbe **el Elba**

! Flußnamen sind im Spanischen in der Regel männlich.

19 Die spanische Welt

Was glauben Sie: Wie viele Millionen spanischsprachige Menschen gibt es zur Zeit auf der Welt?

▶ Lösung

3. 320 Millionen. Das Spanische ist die am dritthäufigsten gesprochene Sprache in der Welt.

20 Arbol genealógico

Estos sólo son algunos de una larga serie de emperadores españoles.
¡Escriba sus nombres en letras!

Sancho I ______________

Isabel II ______________

Fernando VII ______________

Carlos V ______________

Felipe IV ______________

Alfonso XIII ______________

21 El quechua – una lengua internacional

El quechua, el idioma de los incas – ¿ha desaparecido desde hace siglos? ¡De ningún modo! En español e incluso en alemán se han conservado algunas palabras quechuas.
¡Encuéntrelas!

1. prenda de vestir de forma rectangular ______________
2. planta con mazorcas[1] ______________
3. mamífero rumiante[2] de pelaje[3] rojizo, propio de América del Sur ______________

[1] **mazorca** *f* Kolben
[2] **rumiante** wiederkäuend
[3] **pelaje** *m* Fell

20 Ahnentafel

Dies sind nur ein paar aus einer langen Reihe von spanischen Herrschern.
Schreiben Sie ihre Namen aus!

▶ Lösung

Sancho Primero	Sancho I.
Isabel Segunda	Isabella II.
Fernando Séptimo	Ferdinand VII.
Carlos Quinto	Karl V.
Felipe Cuarto	Philipp IV.
Alfonso Trece	Alfons XIII.

Sie haben schon richtig bemerkt: Die Zählung von Herrschern wird im Spanischen mit römischen Zahlen ohne Punkt angegeben. Die Ordnungszahlen werden in der Regel nur bis **décimo** (X.) gebraucht, ab elf **(once)** werden die Grundzahlen verwendet.

21 Quechua – eine internationale Sprache

Quechua, die Sprache der Inkas – seit Jahrhunderten ausgestorben? Keineswegs! Im Spanischen und selbst im Deutschen haben sich einige Quechuawörter erhalten.
Finden Sie sie!

1. rechteckiges Kleidungsstück
2. Pflanze mit Kolben
3. wiederkäuendes Säugetier mit rötlichem Fell, das aus Südamerika stammt

▶ Lösung

1.	**el poncho**	der Poncho
2.	**el maíz**	der Mais
3.	**la alpaca**	das Alpaka

22 Para trotamundos

¿Cómo se llaman los ciudadanos de ...

1. Alemania? ____________________
2. Inglaterra? ____________________
3. Francia? ____________________
4. España? ____________________
5. Méjico? ____________________
6. Suiza? ____________________
7. Suecia? ____________________
8. Japón? ____________________

23 Hombres históricos

Ellos hicieron historia. ¿Cómo se llaman los siguientes grandes hombres en español?

1. Christoph Kolumbus ____________________
2. Pontius Pilatus ____________________
3. Papst Johannes Paul II. ____________________
4. Johannes der Täufer ____________________
5. Karl der Große ____________________
6. der Heilige Jakobus ____________________
7. Alexander der Große ____________________

22 Für Weltenbummler

Wie heißen die Einwohner von ...

1. Deutschland?
2. England?
3. Frankreich?
4. Spanien?
5. Mexiko?
6. Schweiz?
7. Schweden?
8. Japan?

▶ Lösung

1. die Deutschen **los alemanes**
2. die Engländer **los ingleses**
3. die Franzosen **los franceses**
4. die Spanier **los españoles**
5. die Mexikaner **los mejicanos**
6. die Schweizer **los suizos**
7. die Schweden **los suecos**
8. die Japaner **los japoneses**

! Einige Ländernamen werden zuweilen mit bestimmtem Artikel gebraucht:

***el* Japón**	Japan	***el* Perú**	Peru
***el* Canadá**	Kanada	***el* Brasil**	Brasilien
***la* Argentina**	Argentinien	***la* India**	Indien

23 Historische Männer

Sie machten Geschichte. Wie heißen die folgenden großen Männer auf Spanisch?

▶ Lösung

1. **Cristóbal Colón**
2. **Poncio Pilato**
3. **Papa Juan Pablo Segundo**
4. **San Juan Bautista**
5. **Carlomagno**
6. **Santiago**
7. **Alejandro Magno**

24 Islas bonitas

Este grupo de islas españolas en el Atlántico es uno de los lugares vacacionales preferidos para los nórdicos que están cansados del invierno. Antes de la conquista definitiva por los españoles en el siglo XV, sus pobladores eran los guanches. Una ayuda más: Su nombre proviene de Plinio el Viejo, quien por los muchos perros que vivieron allí las llamó "Islas de los Canes" – en latín naturalmente.
¿Cómo se llama pues este archipiélago y qué islas lo forman?

25 Galicia

Esta región montañosa y húmeda situada en la zona noroccidental de la Península fue denominada *Finis Terrae* por los romanos, porque la consideraron como fin occidental del mundo. Los habitantes de Galicia, que descienden[1] de los celtas, tienen un propio idioma y un rico folklore que de niguna manera pasa[2] con la imagen de España.

¿Cómo se llaman los habitantes de Galicia?

1. gallos
2. galicios
3. gallegos

¿Y cuál es su instrumento musical nacional?

[1] **descender de** abstammen von
[2] **pasar con** passen zu

24 Trauminseln

Diese spanische Inselgruppe im Atlantik ist ein beliebtes Urlaubsziel für den wintermüden Nordeuropäer. Bevor die Spanier sie sich im 15. Jahrhundert endgültig aneigneten, waren ihre Einwohner die Guanchen. Noch ein Tip: Ihr Name stammt von Plinius dem Älteren, der sie wegen der vielen Hunde, die dort lebten, „Hundeinseln" nannte – auf Lateinisch natürlich.
Wie also heißt diese Inselgruppe, und aus welchen Inseln besteht sie?

▶ Lösung

Islas Canarias Kanarische Inseln

Die Kanarischen Inseln sind vulkanischen Ursprungs und erheben sich aus 3.000 m Meerestiefe. Die Hauptinseln sind **Gran Canaria, Fuerteventura, Lanzarote, Tenerife, Gomera, La Palma** und **Hierro.**

25 Galicien

Dieses gebirgige und feuchte Land im Nordwesten Spaniens wurde von den Römern *Finis Terrae* genannt, weil sie es für das westliche Ende der Welt hielten. Die von den Kelten abstammenden Einwohner Galiciens haben eine eigene Sprache und eine reiche Folklore, die so gar nicht ins spanische Bild passt.

Wie heißen die Bewohner Galiciens?
Und welches ist ihr Nationalinstrument?

▶ Lösung

3. gallegos Galicier

Das Nationalinstrument der **gallegos** ist der Dudelsack, die **gaita**.

! **Folklore** ist eines der wenigen Wörter im Spanischen, in denen ein **K** vorkommt.

26 ¡Qué aproveche!

En España las cartas de los restaurantes ofrecen una gran variedad de pescados y mariscos.
¿Conoce usted los pescados más frecuentes?

1. salmón

2. trucha

3. atún

4. merluza

5. calamar

27 En la biblioteca municipal

En la biblioteca municipal de Burgos la señora Sánchez coloca en su lugar los libros que los lectores han devuelto o dejado en las mesas de la sala de lecturas.
¿En qué sección ordenará la señora Sánchez los diferentes tomos? ¿Puede usted ayudarla?

historia — literatura — *niños* — *lengua* — *cocina* — biografía — *geografía*

1. "La cordillera de los Andes"
2. "Diccionario español-inglés"
3. "Vida de Pablo Picasso"
4. "Cien años de soledad"
5. "Cincuenta recetas de cocina andaluza"
6. "Tintín en el Congo"
7. "La Segunda Guerra Mundial"

26 Guten Appetit!

In Spanien bieten die Speisekarten der Restaurants eine große Auswahl an Fischen und Meeresfrüchten an.
Kennen Sie die häufigsten Fische?

▶ Lösung

1. **salmón** Lachs
2. **trucha** Forelle
3. **atún** Tunfisch
4. **merluza** Seehecht
5. **calamar** Tintenfisch

27 In der Stadtbücherei

In der Stadtbücherei von Burgos räumt Frau Sánchez die Bücher auf, die die Besucher zurückgegeben oder auf den Tischen des Lesesaals liegen gelassen haben. In welcher Abteilung ordnet Frau Sánchez die verschiedenen Bände ein? Können Sie Ihr helfen?

Geschichte *Literatur* *Kinder* *Küche* *Sprache* *Biografie* *Geografie*

1. „Die Anden-Kordillere"
2. „Wörterbuch Spanisch-Englisch"
3. „Das Leben Pablo Picassos"
4. „Hundert Jahre Einsamkeit" *(Roman von Gabriel García Márquez)*
5. „Fünfzig andalusische Kochrezepte"
6. „Tim im Kongo" *(Comic-Heft der Serie Tim und Struppi)*
7. „Der Zweite Weltkrieg"

▶ Lösung

1. **geografía**
2. **lengua**
3. **biografía**
4. **literatura**
5. **cocina**
6. **niños**
7. **historia**

28 Los catalanes hacen de las piedras panes

El empeño de los catalanes es proverbial. Además tienen fama de tener un espíritu emprendedor y una conciencia marcada tanto cultural como política.

1. ¿Cómo se llama su región autónoma? ____________
2. ¿Cómo se llama su idioma? ____________
3. ¿Cuál es su capital? ____________

29 Pablo Picasso

1. El día 25 de octubre de 1881 nació el pintor y escultor[1] español en:
   a) Granada
   b) Málaga
2. ¿Cuál es su nombre completo?
   a) Pablo Ruiz y Picasso
   b) Pablo Picasso Ruiz
3. ¿Quién le enseñó a dibujar y a pintar?
   a) su padre
   b) un profesor

[1] **escultor** *m* Bildhauer

28 Die Katalanen machen aus Steinen Brot

Der Fleiß der Katalanen ist sprichwörtlich. Außerdem wird ihnen Unternehmungsgeist und ein ausgeprägtes kulturelles und politisches Selbstbewusstsein nachgesagt.

1. Wie heißt ihre autonome Region?
2. Wie heißt ihre Sprache?
3. Was ist ihre Hauptstadt?

▶ Lösung

1. **Cataluña** Katalonien
2. **catalán** Katalanisch
3. **Barcelona**

Bereits in der zweiten Hälfte des 18. Jahrhunderts wurde in Katalonien mit der Baumwoll- und Schafwollverarbeitung nach englischem Vorbild der Grundstock für die heutige Industrie gelegt. Das Wirtschaftsleben konzentriert sich um Barcelona, das auch das geistig-kulturelle Zentrum Kataloniens ist.

29 Pablo Picasso

1. Am 25. Oktober 1881 wurde der spanische Maler und Bildhauer in ... geboren:
   a) Granada
   b) Malaga
2. Wie lautet sein vollständiger Name?
   a) Pablo Ruiz y Picasso
   b) Pablo Picasso Ruiz
3. Wer lehrte ihn Zeichnen und Malen?
   a) sein Vater
   b) ein Lehrer

▶ Lösung

1. b) 2. a) 3. a)

30 Capitales

¿A qué países de Sudamérica pertenecen las capitales?

1. Lima	**a)** Venezuela
2. La Paz	**b)** Perú
3. Montevideo	**c)** Chile
4. Quito	**d)** Paraguay
5. Asunción	**e)** Bolivia
6. Bogotá	**f)** Uruguay
7. Caracas	**g)** Ecuador
8. Santiago	**h)** Argentina
9. Buenos Aires	**i)** Colombia

31

El día del libro

El 23 de abril los libreros madrileños como también todos los que quieren deshacerse[1] de sus libros ya leídos venden los libros en la calle. Lo hacen en memoria a un gran escritor español también conocido como el Manco de Lepanto. ¡Seguramente sabe usted de quién se trata! ¿Conoce usted también su obra más famosa?

[1] **deshacerse** loswerden

30 Hauptstädte

Zu welchen südamerikanischen Ländern gehören die Hauptstädte?

1. Lima	**a)** Venezuela
2. La Paz	**b)** Peru
3. Montevideo	**c)** Chile
4. Quito	**d)** Paraguay
5. Asuncion	**e)** Bolivien
6. Bogota	**f)** Uruguay
7. Caracas	**g)** Ecuador
8. Santiago	**h)** Argentinien
9. Buenos Aires	**i)** Kolumbien

▶ **Lösung**

1. b) 2. e) 3. f) 4. g) 5. d) 6. i) 7. a) 8. c) 9. h)

31 Der Tag des Buches

Am 23. April verkaufen die Madrider Buchhändler und alle, die ihre bereits gelesenen Bücher loswerden wollen, die Bücher auf der Straße. Sie tun dies zum Gedenken an einen großen spanischen Schriftsteller, der auch als **el Manco de Lepanto** – der Einarmige von Lepanto – bekannt war.
Sie wissen sicher schon, um wen es sich handelt! Kennen Sie auch sein bedeutendstes Werk?

▶ **Lösung**

El Manco de Lepanto war der Beiname von **Miguel de Cervantes Saavedra**. Cervantes nahm 1571 als Soldat auf der Galeere **Marquesa** an der Schlacht von Lepanto teil. Dabei wurde ihm die linke Hand verstümmelt. Der 23. April ist sein Todestag.
Sein bedeutendstes Werk ist der Roman ***El ingenioso hidalgo Don Quijote de la Mancha*** *Der sinnreiche Junker Don Quijote von La Mancha*, eine tragikomische Parodie auf die Ritterromane.

32 San Juan

El 24 de junio se celebra la fiesta de San Juan Bautista[1]. La noche de San Juan tiene algo mágico: los árboles parecen tener ojos y oídos, y el Cúpido[2] lanza sus flechas. Se celebra la victoria de la luz sobre la oscuridad. En San Pedro Manrique, un pueblo situado en la parte central de España, esta fiesta se celebra de una manera especial. ¿Y de qué manera?

1. con el pirófago[3]
2. con el paso del fuego
3. con fuegos artificiales

[1] **San Juan Bautista**	Johannes der Täufer
[2] **Cúpido** *m*	Liebesgott Amor
[3] **pirófago** *m*	Feuerschlucken

33 Algunos estados

¿Cómo se llaman los siguientes laender (Estados Federados Alemanes) en español?

1. Rheinland-Pfalz ______________________

2. Bayern ______________________

3. Nordrhein-Westfalen ______________________

4. Hessen ______________________

5. Sachsen ______________________

6. Thüringen ______________________

32 Johannisnacht

Am 24. Juni wird das Fest des Heiligen Johannes des Täufers begangen. Die Johannisnacht hat etwas Magisches: die Bäume scheinen Augen und Ohren zu haben, und Amor schießt seine Pfeile ab. Man feiert den Sieg des Lichts über die Dunkelheit. In San Pedro Manrique, einem Dorf in Zentralspanien, wird dieses Fest auf besondere Weise gefeiert. Wie?

1. durch Feuerschlucken
2. durch Feuerlaufen
3. durch ein Feuerwerk

▶ Lösung

2. Bei ihrem Barfußlauf gehen die **pasadores** (Feuergänger) von San Pedro Manrique oft mit einem anderen auf dem Rücken über einen Glutteppich, ohne sich zu verbrennen.

33 Ein paar Länder

Wie heißen die folgenden deutschen Bundesländer auf spanisch?

▶ Lösung

1. **Renania-Palatinado**
2. **Baviera**
3. **Renania del Norte-Westfalia**
4. **Hesse**
5. **Sajonia**
6. **Turingia**

34 Una bebida verdaderamente divina ...

... es el jerez – y ello en varias formas: se lo conoce como *fino* seco, como *amontillado* u *oloroso* semiseco y como *cream* dulce. El vino tiene que fermentar en las bodegas como mínimo tres anos hasta que se haya convertido en jerez.
¡Ojalá que[1] usted no demore tanto tiempo[2] en saber de dónde proviene el nombre del jerez!

[1] **ojalá que** hoffentlich
[2] **demorar tanto tiempo** lange brauchen

35 Nacionalidades

¿Cómo se llaman los habitantes de los siguientes países?

1. **Marruecos** ______________
2. **Turquía** ______________
3. **Israel** ______________
4. **Arabia saudí** ______________
5. **Egipto** ______________

34 Ein wahrhaft göttliches Getränk ...

... ist der Sherry – und das gleich in mehreren Varianten: Man kennt ihn als trockenen ***fino***, als halbtrockenen ***amontillado*** oder ***oloroso*** und süßen ***cream***. Mindestens drei Jahre muß der Wein in den **bodegas** (großen ebenerdigen Hallen) reifen, bis er zum Sherry geworden ist.
Um herauszufinden, woher der Sherry seinen Namen hat, brauchen Sie hoffentlich nicht so lange!

▶ Lösung

Der Name **jerez** kommt von **Jerez de la Frontera**, einer Stadt im Südwesten von Andalusien, in deren Umgebung dieser Likörwein reift. Weil die Engländer das Wort
jerez nicht aussprechen konnten, nannten sie das Getränk kurzerhand „Sherry".

Ist es Ihnen aufgefallen? Vor einem Wort, das mit **o/ho** beginnt, ändert sich **o** (oder) in **u**: **amontillado u oloroso.** Das erleichtert den Redefluss!

35 Nationalitäten

Wie heißen die Bewohner der folgenden Länder?

1. Marokko
2. Türkei
3. Israel
4. Saudi-Arabien
5. Ägypten

▶ Lösung

1. **los marroquíes**	die Marokkaner
2. **los turcos**	die Türken
3. **los israelíes**	die Israeli
4. **los árabes saudíes**	die Saudi-Araber
5. **los egipcios**	die Ägypter

36 Vecinos europeos

¡Rellene usted las manchas blancas en el mapa – con los nombres correctos de los países!

1. F _ _ _ CI _

2. _ N _ LA _ _ _ R _

3. I _ A _ _ A

4. B _ _ GI _ A

5. G _ _ C _ _

6. D _ _ A _ A _ _ A

37 Todo Santos

Todo Santos es el día en el cual se recuerda a los difuntos. Pero tan seria no puede ser la ocasión que los españoles no quieran a la vez divertirse. Y así se hace acogedor[1] en una cena festiva con panellets o magostos y vino.
¿Qué son estas delicias culinarias?

1. panellets son
a) sandalias de cuero viejas y cocidas
b) pequeñas tapas de Paella
c) dulces de mazapán en forma oval

2. magostos son
a) golosinas[2] de castañas
b) gusanos[3] a la parrilla[4]
c) carnero[5] al pincho[6]

[1] **acogedor, -a** gemütlich
[2] **golosina** *f* Süßigkeit, Leckerei
[3] **gusano** *m* Made
[4] **a la parrilla** vom Grill
[5] **carnero** *m* Hammel
[6] **al pincho** am Spieß

36 Europäische Nachbarn

Füllen Sie die weißen Flecken auf der Landkarte – mit den richtigen Ländernamen!

▶ Lösung

1.	**FRANCIA**	Frankreich
2.	**INGLATERRA**	England
3.	**ITALIA**	Italien
4.	**BELGICA**	Belgien
5.	**GRECIA**	Griechenland
6.	**DINAMARCA**	Dänemark

37 Allerheiligen

Allerheiligen ist der Tag, an dem der Verstorbenen gedacht wird. Doch so ernst kann der Anlass gar nicht sein, daß die Spanier sich nicht auch amüsieren wollen. Und so macht man es sich bei einem Festessen mit **panellets** oder **magostos** und bei Wein gemütlich.
Was sind diese kulinarischen Genüsse?

1. **panellets** sind
   a) gekochte alte Ledersandalen
   b) kleine Häppchen aus Paellareis
   c) ovale Süßigkeiten aus Marzipan

2. **magostos** sind
   a) Leckereien aus Kastanien
   b) gegrillte Maden
   c) Hammel am Spieß

▶ Lösung

1. c) 2. a)

Panellets sind die Allerheiligenspezialität der Katalanen, in Galicien und Asturien hält man sich an die **magostos**.

38 Giro por las ciudades

¿A qué ciudades pertenecen los siguientes adjetivos?

1. cordobés ______________
2. abulense ______________
3. malagueño ______________
4. salmantino ______________
5. gaditano ______________
6. madrileño ______________

39 ¡Así se mueve el esqueleto!

Lo que el flamenco es para Andalucía o el tango para Argentina, los siguientes bailes son para ...
Si lo sabe usted, ¡ordénelos!

1. La cartagenera	a) Madrid
2. Los caracoles	b) Cuba
3. La cumbia	c) Colombia
4. La rumba	d) Galicia
5. La lambada	e) Murcia
6. La faruca	f) Perú

40 Un símbolo de las flores

Pertenece a España como el nenúfar[1] al Japón, la lilia a Francia o la rosa a Gran Bretaña. Apenas uno se puede imaginar una fiesta en la que las mujeres no la lleven en el pelo y los hombres en el ojal de la chaqueta.

¿Seguramente sabe de qué flor se trata?

[1] **nenúfar** *m* Seerose

38 Städtetour

Zu welchen Städten gehören die folgenden Adjektive?

► **Lösung**

1. **Córdoba**
2. **Avila**
3. **Málaga**
4. **Salamanca**
5. **Cádiz**
6. **Madrid**

39 So schwingt man das Tanzbein!

(wörtl.: bewegt man das Skelett)

Was der Flamenco für Andalusien oder der Tango für Argentinien ist, sind die folgenden Tänze für ...
Wenn Sie es wissen, ordnen Sie die Tänze zu!

► **Lösung**

1. e) 2. a) 3. c) 4. b) 5. f) 6. d)

40 Ein Blumensymbol

Sie gehört zu Spanien wie die Seerose zu Japan, die Lilie zu Frankreich oder die Rose zu Großbritannien. Man kann sich kaum ein Fest vorstellen, bei dem die Frauen sie nicht im Haar und die Männer im Knopfloch des Jacketts tragen.

Sie wissen sicher, um welche Blume es sich handelt?

► **Lösung**

del clavel um die Nelke

41 Mallorca

Esta es la isla donde incluso el Rey de España suele pasar sus vacaciones. El va todos los veranos a Palma donde se encuentra el Palacio de Marivent. No es pues de extrañar que los habitantes de esta isla sigan teniendo grandes ideas con el turismo.
A propósito, ¿cómo se llaman los habitantes de Mallorca?

a) mallorquinos
b) mallorquines

42 Records mundiales

1. La red de metro más grande está en ...
a) ¿Madrid?
b) ¿Nueva York?
c) ¿Londres?

2. El lago más alto del mundo está entre ...
a) ¿Chile y Argentina?
b) ¿Perú y Bolivia?
c) ¿Venezuela y Colombia?

3. La verdura más vendida del mundo es ...
a) ¿el tomate?
b) ¿el ajo[1]?
c) ¿la cebolla[2]?

[1] **ajo** *m* Knoblauch
[2] **cebolla** *f* Zwiebel

41 Mallorca

Das ist die Insel, auf der sogar der spanische König Urlaub macht. Er fährt jeden Sommer nach Palma, wo sich der Palacio de Marivent befindet. So ist es nicht verwunderlich, dass die Inselbewohner noch große Pläne mit dem Tourismusgeschäft haben.
Wie heißen die Bewohner von Mallorca eigentlich?

▶ Lösung

b) mallorquines Mallorkiner

Mallorca ist mit rund 391.000 Einwohnern die größte Insel der Balearen. Hauptstadt und wichtigster Hafen ist Palma. Der Fremdenverkehr, vor allem der Badetourismus, ist der bei weitem wichtigste Wirtschaftsfaktor.

42 Weltrekorde

1. Das größte U-Bahn-Netz ist in ...
a) Madrid?
b) New York?
c) London?

2. Der höchstgelegene See der Welt liegt zwischen ...
a) Chile und Argentinien?
b) Peru und Bolivien?
c) Venezuela und Kolumbien?

3. Das weltweit am meisten verkaufte Gemüse ist ...
a) die Tomate?
b) der Knoblauch?
c) die Zwiebel?

▶ Lösung

1. c) 2. b) 3. c)

! Der **Titicacasee** ist der größte Hochlandsee der Erde. Er liegt 3812 m über dem Meer zum Teil in Peru und zum Teil in Bolivien.

43 Los Sanfermines ...

... son los días festivos en honor a San Fermín que tienen lugar del 6 al 14 de julio. El que dice "San Fermín" piensa en corridas de toros, vino y multitudes en las calles. Sobre todo una ciudad española se ha hecho famosa por sus "encierros[1]". ¿Cómo se llama esta ciudad?

[1] **encierros** *m/pl* Stiertreiben

44 Pasota[1] – no sólo algo para los pasotas

El lenguaje de la generación pasota que apareció a mediados de los años setenta ha influido notablemente en el lenguaje cotidiano. Así las siguientes palabras no sólo son usadas por los pasotas.
¡Ordene usted lo que corresponda!

1. carroza	**a)** trabajador
2. guripa	**b)** limpiabotas
3. currante	**c)** guardia municipal
4. jai	**d)** persona vieja
5. betunes	**e)** turista
6. guiri	**f)** chica

[1] **pasota** *m* Aussteiger, Null-Bock-Typ; Straßenslang

43 Die Sanfermines ...

... sind die Festtage zu Ehren des heiligen Fermín, die vom 6. bis 14. Juli stattfinden. Wer San Fermín sagt, meint Stierkämpfe, Wein und Menschenmassen auf den Straßen. Weltberühmt wurde dabei vor allem eine spanische Stadt durch ihre „Stiertreiben".
Wie heißt die Stadt?

▶ Lösung

Pamplona. Sie ist die Hauptstadt von Navarra, einer nordspanischen Provinz, die an Frankreich grenzt. Während der **Sanfermines** werden hier die Stiere jeden Morgen unter dem Jubel mitlaufender Menschenmassen durch die Straßen zur Stierkampfarena getrieben. Dabei kommt es immer wieder zu Toten und Verletzten.

44 Straßenslang – nicht nur etwas für Aussteiger

Die Mitte der siebziger Jahre entstandene Sprache der Null-Bock-Generation hat die spanische Alltagssprache nachhaltig beeinflusst. So sind die folgenden Wörter heute nicht nur den Aussteigern geläufig.
Ordnen Sie sie zu!

1. carroza	**a)** Arbeiter
2. guripa	**b)** Schuhputzer
3. currante	**c)** Ordnungshüter
4. jai	**d)** alter Mensch
5. betunes	**e)** Tourist
6. guiri	**f)** Mädchen

▶ Lösung

1. d) 2. c) 3. a) 4. f) 5. b) 6. e)

Da es sich um Jugendslang handelt, sind die deutschen Entsprechungen in etwa: Grufti, Bulle, Malocher, Tussi, Turi. Schuhputzer sind in Deutschland so selten geworden, dass die Umgangssprache dafür nichts zu bieten hat.

45 Hombres de Extremadura

Antes que Extremadura fuera el nombre de una provincia del oeste de España, se llamaban así regiones que estaban fuera de la influencia cristiana. Y la Extremadura es realmente una región completamente desamparada[1]. Probablemente por eso también la abandonaron los grandes conquistadores: Hernán Cortés, Francisco Pizarro, Vasco Núñez de Balboa.

1. Todos ellos eran
  a) extremeños
  b) extremadureños

2. Típico de esta región es el alcornoque, un
  a) producto químico importante
  b) árbol del cual se saca corcho

[1] **desamparar** verlassen

46 ¡Holá!

El 3 de agosto de 1492 Cristóbal Colón se hizo a la mar. No conocía aún el Pacífico. Pero sí que conocía las siguientes cuatro aguas – incluso en español. ¿Las conoce usted también?

1. Bodensee ______________________

2. Mittelmeer ______________________

3. Ostsee ______________________

4. Genfer See ______________________

A propósito:
¿Qué le dijo la barca a la mar?

45 Männer aus Extremadura

Bevor **Extremadura** zum Namen einer Provinz in Westspanien wurde, bezeichnete man damit jenseits des christlichen Einflussbereichs liegende Gebiete. Und die **Extremadura** ist in der Tat eine gottverlassene Gegend. Wohl deswegen suchten die großen Conquistadoren einst das Weite: Hernán Cortés, Francisco Pizarro, Vasco Núñez de Balboa.

1. Sie alle waren
a) extremeños
b) extremadureños

2. Typisch für diese Region ist der **alcornoque**, ein
a) wichtiges chemisches Produkt
b) Baum, von dem man Kork gewinnt

► Lösung

1. a) 2. b) (die Korkeiche)

Der Name **Extremadura** soll übrigens aus **Extrema Dorii** (jenseits des Flusses Duero) entstanden sein.

46 Ahoi!

Am 3. August 1492 stach Christoph Kolumbus in See. Den Stillen Ozean kannte er noch nicht. Aber er kannte sehr wohl die folgenden vier Gewässer – sogar auf Spanisch. Kennen Sie sie auch?

Übrigens:
Was sagte das Boot zum Meer?

► Lösung

1.	Bodensee	**Lago de Constanza**
2.	Mittelmeer	**Mediterráneo**
3.	Ostsee	**Báltico**
4.	Genfer See	**Lago Lemán**

¡Hola! Hallo, wird wie **ola** gesprochen, das Welle bedeutet.

47 De Madrid al cielo

Este título de una película de la posguerra hoy en día se usa como refrán. Y esto con toda la razón. Madrid tiene mucho que ofrecer, entre otros también los siguientes monumentos. ¿Sabe usted algo acerca de esto?

1. Museo del Prado
2. Puerta del Sol
3. Palacio de la Zarzuela
4. Plaza de la Cibeles

48 Monetario

¿Con qué monedas se paga en los siguientes países?

1. Inglaterra ____________________

2. Suiza ____________________

3. Alemania ____________________

4. Austria ____________________

5. Grecia ____________________

6. Suecia ____________________

47 Von Madrid in den Himmel

Dieser Titel eines spanischen Nachkriegsfilmes ist heute sprichwörtlich geworden. Und das zu Recht. Madrid hat eine Menge zu bieten, darunter auch die folgenden Sehenswürdigkeiten. Wissen Sie Näheres darüber?

▶ Lösung

1. Museo del Prado	Prado-Museum – eine der größten Gemäldesammlungen der Welt
2. Puerta del Sol	Sonnentor – diese Platzanlage ist der Kilometer 0 für alle Entfernungen von Madrid
3. Palacio de la Zarzuela	Zarzuela-Palast – die Residenz der spanischen Königsfamilie
4. Plaza de la Cibeles	Cibeles-Platz – auf diesem Platz steht eines der Wahrzeichen von Madrid, der Kybelebrunnen

48 Münzsammlung

Mit welcher Währung zahlt man in den folgenden Ländern?

1. England
2. Schweiz
3. Deutschland
4. Österreich
5. Griechenland
6. Schweden

▶ Lösung

1. libra esterlina	Pfund Sterling
2. franco suizo	Schweizer Franken
3. marco alemán	D-Mark
4. chelín	Schilling
5. dracma	Drachme
6. corona	Krone

49 Nomen est omen

Hay apellidos graciosos[1]: Delgado, Pino, Calvo, Corral, Barriga. Con la costumbre española de añadir en los niños después del apellido del padre él de la madre, pueden formarse nombres pintorescos: José Clavo Delgado, Pedro Cabezón Alegre ... Suponiendo que[2] María Dolores Fuertes se case con un señor José Barriga Pino. El no cambia su nombre al casarse, pero María sí.

¿Cómo se llama ahora?

[1] **gracioso, -a** witzig
[2] **suponiendo que** angenommen

50 Asuntos financieros

1. ¿Cómo se llama el dinero español?
   a) peceta
   b) peseta
2. ¿Cómo se llama el dinero de papel?
   a) billeto
   b) billete
3. ¿Cómo se llama el dinero de metal?
   a) moneda
   b) monada
4. ¿Qué es un duro?
   a) 5 pesetas
   b) 25 pesetas

49 Nomen est omen

Es gibt witzige Nachnamen: **Delgado** Dünn, **Pino** Kiefer, **Corral** Hühnerhof, **Barriga** Bauch. Durch den spanischen Brauch, bei den Kindern an den Nachnamen des Vaters den der Mutter anzuhängen, können malerische Namen entstehen: **José Clavo Delgado** Josef Dünner Nagel, **Pedro Cabezón Alegre** Peter Lustiger Dickkopf ...
Angenommen: **María Dolores Fuertes** Maria Starke Schmerzen heiratet einen Herrn **José Barriga Pino** Josef Bauch Kiefer. Bei der Heirat ändert er seinen Namen nicht, Maria jedoch sehr wohl.

Wie heißt sie jetzt?

▶ Lösung

María Dolores Fuertes de Barriga
Maria Starke Bauchschmerzen

In Spanien behalten die Frauen auch nach der Heirat ihre beiden Nachnamen, von denen der erste vom Vater und der zweite von der Mutter stammt. Die Zugehörigkeit zum Mann wird durch **de** und den ersten Nachnamen des Mannes angezeigt. **La señora de Barriga** ist also die Frau vom Herrn Barriga und keine Adlige!

50 Geldangelegenheiten

1. Wie heißt das spanische Geld?
2. Wie heißt das Papiergeld?
3. Wie heißt das Hartgeld?
4. Was ist ein **duro**?

▶ Lösung

1. b) 2. b) 3. a) 4. a)

! Das Wort **moneda** hat zwei Bedeutungen: Münze und Währung.

51 Ciudades y ciudadanos

¿Cómo se llaman las ciudades en las que viven estos ciudadanos?

1. Los porteños son de ______________________
2. Los neoyorquinos son de ______________________
3. Los atenienses son de ______________________
4. Los palmesanos son de ______________________
5. Los vallisoletanos son de ______________________

52 Andalucía – tierra de sol

¿Ha visitado ya Andalucía? Entonces habrá oído seguramente las palabras *gazpacho, corrida* y *tablao*. ¿Qué significan? ¡Marque la respuesta correcta!

1. gazpacho es
   a) agua con gas
   b) una sopa fría de verduras
   c) una persona que toca la guitarra
2. corrida es
   a) una carrera
   b) un espectáculo en que se lidian a toros
   c) un círculo formado por personas
3. tablao es
   a) un lugar donde se baila y canta el flamenco
   b) una tabla grande para huéspedes
   c) un desorden total
4. A propósito: ¿Cuál es el feminino de *andaluz*?

51 Städte und Stadtmenschen

Wie heißen die Städte, in denen diese Stadtmenschen wohnen?

▶ Lösung

1. **Buenos Aires**	
2. **Nueva York**	New York
3. **Atenas**	Athen
4. **Palma de Mallorca**	
5. **Valladolid**	

52 Andalusien – Land der Sonne

Waren Sie schon einmal in Andalusien? Dann haben Sie sicherlich die Wörter ***gazpacho***, ***corrida*** und ***tablao*** gehört. Was bedeuten sie? Kreuzen Sie die richtige Antwort an!

1. **gazpacho** ist
   a) Mineralwasser mit Kohlensäure
   b) eine kalte Gemüsesuppe
   c) ein Gittarrenspieler
2. **corrida** ist
   a) ein Wettlauf
   b) eine Vorstellung, bei der mit Stieren gekämpft wird
   c) ein Kreis aus Menschen
3. **tablao** ist
   a) ein Ort, an dem Flamenco getanzt und gesungen wird
   b) ein großer Speisetisch für Gäste
   c) ein großes Durcheinander
4. Übrigens: Welches ist die weibliche Form für *Andalusier?*

▶ Lösung

1. b) 2. b) 3. a)

4. la andaluza die Andalusierin

53 Nochebuena ...

... la noche del 24 de diciembre que tan acertadamente[1] se denomina como *noche buena* es un motivo de celebrar también para los españoles. ¿Pero cómo se celebra esta fiesta en España?
Marque con una cruz, ¿correcto (C) o falso (F)?

	C	F
1. Se adorna un árbol de navidad.		
2. Se coloca un nacimiento[2].		
3. Se cantan villancicos[3].		
4. Papa Noel[4] trae los regalos.		
5. Se celebra en la calle con los amigos.		
6. A medianoche se asiste a la Misa de Gallo.		

[1] **acertado, -a** treffend
[2] **nacimiento** *m* Weihnachtskrippe
[3] **villancico** *m* Weihnachtslied
[4] **Papa Noel** Weihnachtsmann

54 Trozos de leña

¿Puede completar los nombres de los siguientes árboles que se encuentran en España?

1. el p_n_

2. el _lco_ _o_ _e

3. el r_ _ _e

4. el eu_ _l_ _t_

53 Heiligabend ...

... der so treffend als *Gute Nacht* bezeichnete Abend des 24. Dezember ist auch für die Spanier ein Grund zum Feiern. Wie aber feiert man dieses Fest in Spanien? Kreuzen Sie an, richtig (C) oder falsch (F)?

1. Man schmückt einen Christbaum.
2. Man stellt eine Krippe auf.
3. Man singt Weihnachtslieder.
4. Der Weihnachtsmann bringt Geschenke.
5. Man feiert auf der Straße mit den Freunden.
6. Man nimmt um Mitternacht an der Hahnenmesse teil.

▶ Lösung

1. F) 2. C) 3. C) 4. F) 5. F) 6. C)

Weihnachtsbäume sind in Spanien nicht üblich. Man stellt statt dessen eine Krippe auf. Wohl werden Weihnachtslieder gesungen, aber mit den Geschenken müssen sich die Kinder noch etwas gedulden. Die gibt es erst am 6. Januar. Gefeiert wird, wie in Deutschland auch, mit der Familie zu Hause. Die berühmte **Misa de Gallo** um 12 Uhr nachts markiert die Stunde des Hahns, der nach biblischer Überlieferung dreimal krähte. Der **Papa Noel** wurde von den Franzosen geborgt.

54 Kleinholz

Können Sie die Namen der folgenden Bäume ergänzen, die in Spanien vorkommen?

▶ Lösung

1. el pino die Pinie
2. el alcornoque die Korkeiche
3. el roble die Eiche
4. el eucalipto der Eukalyptus

55 ¿Cómo se llama?

Lo siguiente son nombres alemanes muy corrientes. ¿Puede indicar los nombres españoles que les corresponden?

1. Johann ____________
2. Josef ____________
3. Wilhelm ____________
4. Johanna ____________
5. Karl ____________
6. Philipp ____________
7. Christoph ____________
8. Elisabeth ____________

56 San Valentín

El 14 de febrero es el día de los enamorados – también en España. Quien todavía no tiene pareja[1] liga en lo mayor posible. Ligar significa en el español hablando *entablar*[2] *relaciones amorosas*. Los expertos en este campo son los ligones: les gusta mucho coquetear[3]. Pero en el proceso de emancipación también el sexo femenino cada vez más toma la iniciativa y así se llama el polo opuesto de ligón ligona. A veces se convierte el ligue con el cual uno se ha ligado también en un novio y todo termina ante el altar.
La definición de novio seguramente ya la conoce usted, ¿no?

[1] **pareja** *f* Partner
[2] **entablar** einleiten
[3] **coquetear** flirten

55 Wie heißen Sie?

Die folgenden deutschen Namen sind sehr geläufig. Können Sie die spanischen Entsprechungen nennen?

▶ Lösung

1. Johann **Juan**
2. Josef **José**
3. Wilhelm **Guillermo**
4. Johanna **Juana**
5. Karl **Carlos**
6. Philipp **Felipe**
7. Christoph **Cristóbal**
8. Elisabeth **Isabel**

56 Valentinstag

Der 14. Februar ist der Tag der Verliebten – auch in Spanien. Wer noch keinen Partner hat, bändelt nach Kräften an. **Ligar** *(wörtl.:* legieren, binden) heißt in der spanischen Umgangssprache *anbändeln*. Die Experten auf diesem Gebiet sind die **ligones** Schürzenjäger: Sie flirten besonders gern. Aber auch das weibliche Geschlecht ergreift im Zuge der Emanzipation immer öfter die Initiative, und so heißt das Gegenstück zum **ligón ligona** Verführerin**.** Manchmal wird aus dem **ligue** Gefährten, mit dem man liiert ist, auch ein **novio** Verlobter, und das Ganze endet vor dem Traualtar. Die Definition von **novio** kennen Sie sicher schon, oder?

▶ Lösung

No vio, pero verá después.
Sie sah nicht, wird aber noch sehen.

57 Los Reyes Magos

Según la tradición los tres magos visitaron al Niño Jesús en el establo de Belén y le trajeron tres ofrendas[1]. Por ello en España los regalos no se entregan[2] en la Nochebuena sino en el día de los Reyes Magos que es el 6 de enero.
Hoy en día se encuentran quizás entre los regalos gameboys, rompecabezas[3] y muñecas, ¿pero cuáles eran los regalos que los magos ofrecieron al Niño Jesús y cómo se llaman los tres Reyes Magos?

[1] **ofrenda** *f* Gabe
[2] **entregar** übergeben
[3] **rompecabezas** *m* Puzzle

58 De Europa a América

Entra la profesora en la clase y dice:

– Bueno niños, sabemos bien que la hora europea está adelantada en relación a la de América. ¿Quién me puede decir por qué?
– Yo lo sé, señorita. Porque Cristóbal Colón descubrió América muchos años más tarde.

¿Cuáles son las seis cosas que llevaron los europeos al nuevo mundo?

1. el banano
2. el manzano
3. el trigo
4. la uva
5. el naranjo
6. la caña de azúcar
7. el alcornoque
8. el café
9. el arroz
10. el orégano

57 Dreikönigstag

Der Überlieferung zufolge besuchten die drei Weisen aus dem Morgenland im Stall zu Bethlehem das Jesuskind und brachten ihm drei Gaben dar. In Spanien ist daher nicht am Heiligabend, sondern am Dreikönigstag, also am 6. Januar Bescherung. Heute mögen Gameboys, Puzzles und Puppen unter den Geschenken sein, aber welches waren die Geschenke, die die Weisen dem Jesuskind darbrachten?
Und wie heißen die Heiligen Drei Könige?

▶ Lösung

Melchor, Gaspar y Baltasar	Melchior, Kaspar und Balthasar
incienso, oro y mirra	Weihrauch, Gold und Myrre

Warum die Heiligen Drei Könige ihre Reihenfolge auf dem Weg nach Norden geändert haben, steht in den Sternen.
In Spanien und Italien geht jedenfalls der Melchior voran, in Deutschland und England ist es der Kaspar.

58 Von Europa nach Amerika

Die Lehrerin betritt das Klassenzimmer und sagt:

– Nun Kinder, ihr wisst ja, dass die Uhrzeit in Europa der amerikanischen voraus ist. Wer kann mir sagen, warum?
– Ich weiß es, Fräulein. Weil Christoph Kolumbus Amerika viele Jahre später entdeckte.

Welche sechs Dinge nahmen die Europäer in die Neue Welt mit?

1. die Bananenstaude
2. den Apfelbaum
3. den Weizen
4. die Weintraube
5. den Orangenbaum
6. das Zuckerrohr
7. die Korkeiche
8. den Kaffee
9. den Reis
10. den Oregano

▶ Lösung

1. 3. 4. 6. 8. 9.

59 ¡Viva el Rey!

El 5 de enero es el cumpleaños del Rey. ¿Sabe usted dónde nació Juan Carlos I el 5 de enero de 1938?

1. Madrid **2.** París **3.** Roma **4.** Londres **5.** Granada

La palabra *cumpleaños* parece ser un plural. Pero no lo es. ¿Conoce por lo menos tres palabras más de esta clase?

____

____

____

60 El país de los castillos

El nombre de esta región montañosa en la zona central de España proviene de los numerosos castillos que allí fueron construidos para defenderse de los invasores. Se convirtió en el más poderoso imperio de la Reconquista y así se desarrolló su idioma en la lengua literaria española.

1. ¿Cómo se llama la lengua literaria española?
2. ¿Y cuál es el nombre de este antiguo reino?

59 Es lebe der König!

Am 5. Januar ist der Geburtstag des Königs. Wissen Sie, wo Juan Carlos I. am 5. Januar 1938 geboren wurde?

1. Madrid **2.** Paris **3.** Rom **4.** London **5.** Granada

Das Wort **cumpleaños** sieht aus wie ein Plural. Ist es aber nicht. Kennen Sie noch mindestens drei andere Wörter von der Sorte?

▶ Lösung

3. Roma Rom

Cumpleaños ist ein zusammengesetztes Wort (aus **cumplir** erfüllen und **años** Jahre) und heißt wörtl.: erfülle die Jahre. Weitere solche Wörter sind:

paraguas	Regenschirm (aus **parar** aufhalten und **aguas** Wasser *pl)*
limpiabotas	Schuhputzer (aus **limpiar** putzen und **botas** Stiefel *pl)*
sacapuntas	Bleistiftspitzer (aus **sacar** herausholen und **puntas** Spitzen)

60 Das Land der Burgen

Der Name dieses zentralen Hochlandes in Spanien kommt von den vielen Kastellen, die dort errichtet wurden, um Eindringlinge abzuwehren. Es wurde zum mächtigsten Reich der Reconquista, und so entwickelte sich seine Sprache zur spanischen Literatursprache.

1. Wie heißt die spanische Literatursprache?
2. Und wie lautet der Name dieses alten Königreichs?

▶ Lösung

1. castellano Kastilisch
2. Castilla Kastilien

61 El fin corona la obra

1. ¿Cómo llaman los españoles la última noche del año?
a) Nochebuena
b) Nochesalvaje
c) Nochevieja

2. A medianoche del último día del año los españoles tienen un viejo rito:
a) gritan 12 veces ¡olé!
b) comen 12 uvas
c) tiran a la calle 12 monedas

61 Krönender Abschluss

1. Wie nennen die Spanier die letzte Nacht des Jahres?
a) Gute Nacht
b) Wilde Nacht
c) Alte Nacht

2. Um Mitternacht des letzten Tages im Jahr haben die Spanier einen alten Brauch:
a) sie rufen 12-mal **olé!**
b) sie essen 12 Trauben
c) sie werfen 12 Münzen auf die Straße

▶ Lösung

1. c) 2. b)

Nochebuena heißt, wie Sie bereits wissen, Heiligabend. Mag sein, dass es in der Silvesternacht wilde Auswüchse gibt, aber **Nochesalvaje** heißt sie deswegen noch lange nicht! Die 12 Trauben stehen für die 12 Monate und für 12 Wünsche. Münzen werden in Lateinamerika auf die Straße geworfen.

62 Reinado de luz y de sombra

1492 es un año decisivo en la historia de España. Por matrimonio de Isabel de Castilla y Fernando de Aragón se unen estos dos reinos y España se convierte en un estado. Los llamados *Reyes Católicos* conquistan el reino árabe de Granada y apoyan a Cristóbal Colón en sus navegaciones hacia el Nuevo Mundo. Durante su reinado se instala el Tribunal de la Inquisición y se expulsa a los musulmanes y a los judíos de España.

¿Sabe usted cómo se llaman desde aquel entonces los judíos de origen español?

63

España

España está situada en la Península Ibérica. Está rodeada por el Mar Atlántico en el norte y noroeste y el Mar Mediterráneo en el este y el sur. Sus países vecinos son Francia y Andorra en el noreste y Portugal en el oeste. Cuando usted piensa en la silueta geográfica de España, ¿cómo podría describir la forma del país? Italia, como todo el mundo sabe, parece a una bota[1]. Los españoles comparan su país con una parte o un producto de un animal. ¿Sabe usted con cuál?

[1] **la bota** der Stiefel

62 Reich von Licht und Schatten

1492 ist ein entscheidendes Jahr in der Geschichte Spaniens. Durch die Heirat von Isabella von Kastilien und Ferdinand von Aragón vereinigen sich diese beiden Königreiche, und Spanien wird zu einem Staat. Die sogenannten *Katholischen Könige* erobern das arabische Reich von Granada und unterstützen Christoph Kolumbus bei seinen Seefahrten in die Neue Welt. Während ihrer Regierungszeit wird das Inquisitionsgericht eingerichtet, und sie vertreiben die Mohammedaner und die Juden aus Spanien.

Wissen Sie, wie die Juden spanischer Herkunft seit damals heißen?

▶ Lösung

los sefardíes Sepharden, sephardische Juden

Große jüdische Zentren in Spanien waren **Córdoba** (Maimonides-Denkmal), **Sevilla** (ehemaliges Judenviertel **Santa Cruz**) und **Toledo** (heute noch zu besichtigende Synagogen).

63 Spanien

Spanien liegt auf der Iberischen Halbinsel. Es ist umgeben vom Atlantik im Norden und Nordwesten und vom Mittelmeer im Osten und Süden. Seine Nachbarländer sind im Nordosten Frankreich und Andorra und im Westen Portugal. Wenn Sie an die geografische Silhouette Spaniens denken, wie könnten Sie die Form des Landes beschreiben? Italien sieht, wie jeder weiß, wie ein Stiefel aus. Die Spanier vergleichen ihr Land mit einem Teil oder einem Produkt aus einem Tier. Wissen Sie, mit welchem?

▶ Lösung

la piel de toro Stierhaut

64 ¿Quién es?

Es un personaje famoso en el mundo entero. Nació en Italia en 1451. Era un navegante. Se fué a India pero nunca llegó. En 1492 hizo un descubrimiento muy importante. Murió en España en 1506. ¿Quién es y qué descubrió?

65 Fiesta española

En una fiesta española se encuentran reunidos españoles de diferentes lugares de España. Por ejemplo: gallegos de Galicia, vallisoletanos de Valladolid, etc. ¿Sabe de dónde son los ...

1. granadinos? ______________________
2. sevillanos? ______________________
3. malagueños? ______________________
4. murcianos? ______________________
5. valencianos? ______________________
6. madrileños? ______________________
7. santanderinos? ______________________
8. gaditanos? ______________________

64 Wer ist es?

Er ist eine auf der ganzen Welt berühmte Persönlichkeit. Er wurde 1451 in Italien geboren. Er war Seefahrer. Er machte sich auf nach Indien, kam aber nie dort an. 1492 machte er eine sehr wichtige Entdeckung. Er starb 1506 in Spanien. Wer ist es, und was hat er entdeckt?

▶ Lösung

Cristóbal Colón. Descubrió América.
Christoph Kolumbus. Er hat Amerika entdeckt.

Der 12. Oktober, der Tag der Entdeckung Amerikas, ist nach wie vor ein Feiertag in Spanien und Lateinamerika. Dieser Tag hieß früher **Día de la Raza** *Tag der Rasse*. Heute ist es der **Día de la Hispanidad**, der *Tag der hispanischen Völker.*

65 Spanisches Fest

Auf einem spanischen Fest findet man Spanier aus unterschiedlichen Gegenden Spaniens versammelt. Zum Beispiel: **Gallegos**, die aus Galicien kommen, **Vallisoletanos** aus Valladolid, usw. Wissen Sie, woher die ... sind?

▶ Lösung

1. **aus Granada**
2. **aus Sevilla**
3. **aus Málaga**
4. **aus Murcia**
5. **aus Valencia**
6. **aus Madrid**
7. **aus Santander**
8. **aus Cádiz**

66 A las cinco de la tarde ...[1]

Uno de los más conocidos escritores españoles fue un poeta y dramaturgo granadino que sufrió una muerte violenta a principios de la Guerra Civil Española a la edad de sólo 38 años. Fue un amigo del músico Manuel de Falla y del pintor Salvador Dalí. Escribió libros de poemas como el *Romancero gitano* y piezas de teatro que se siguen escenificando en la actualidad en el mundo entero. Le indicamos tres: *La Casa de Bernarda Alba, Yerma y Bodas de Sangre.*
¿Quién fue este autor que murió tan joven?

[1] Título de un poema muy famoso sobre la muerte de un amigo del poeta, un torero conocido.

67

México lindo

México es un país apasionante, con muchos lugares de interés para ver. Si a Ud. le interesa la arqueología podrá disfrutar recorriendo las ruinas, pirámides, templos, fortalezas en toda la imponente arquitectura de las épocas precolombinas.
A propósito ¿sabe Ud. cómo se llaman las dos culturas prehispánicas más importantes de México?

66 Um fünf Uhr nachmittags ...[1]

Einer der bekanntesten spanischen Schriftsteller war ein Dichter und Dramatiker aus Granada, der zu Beginn des Spanischen Bürgerkriegs im Alter von nur 38 Jahren einen gewaltsamen Tod fand. Er war ein Freund des Musikers Manuel de Falla und des Malers Salvador Dalí. Er schrieb Gedichtbände wie die *Zigeunerromanzen* und Theaterstücke, die bis heute auf der ganzen Welt aufgeführt werden. Wir nennen Ihnen hier drei: *Bernarda Albas Haus, Yerma* und *Bluthochzeit.*
Wer war dieser Autor, der so jung starb?

[1] Titel eines sehr berühmten Gedichts über den Tod eines Freundes des Dichters, der ein bekannter Torero war.

▶ Lösung

Federico García Lorca (1898–1936). Er wurde im ersten Bürgerkriegsjahr 1936 von rechten Falangisten ermordet.

67 Schönes Mexiko

Mexiko, ein bezauberndes Land mit vielen Sehenswürdigkeiten. Wenn Sie die Archäologie interessiert, können Sie die Ruinen, Pyramiden, Tempel und Festungen der überwältigenden Architektur der präkolumbischen Zeit besuchen.
Apropos, wissen Sie, wie die beiden wichtigsten vorspanischen Kulturen Mexikos heißen?

▶ Lösung

los Mayas y los Aztecas die Mayas und die Azteken

! Mexiko wird entweder ***México*** oder ***Méjico*** geschrieben; in jedem Fall aber wird es mit ***jota*** gesprochen, also mit einem *ch* wie im deutschen Wort „*Dach*".

68 Cuando el río suena, agua lleva

¿La geografía española es tierra virgen[1] para usted? Seguro que conoce ya los nombres de los ríos mayores del país. ¿Podría usted decir cómo se llaman los ríos que pasan por las siguientes ciudades?

1. Zaragoza
2. Sevilla
3. Toledo
4. Orense
5. Badajoz

[1] **la tierra virgen** Neuland *(wörtl.:* jungfräuliches Land)

69 En tierras africanas

En la costa norte de Marruecos hay dos ciudades que pertenecen desde siglos al territorio de España, aunque haya cada vez más protestas por parte de los marroquíes. Una de las dos ciudades portuarias está enfrente de Gibraltar y tiene unos 65.000 habitantes; la otra está situada mucho más al este, hacia la frontera con Argelia. Tiene 52.000 habitantes aproximadamente. Un tercio de la población es musulmana. En España muchos jóvenes que tienen que ir a la mili, van a Africa.

¿Ya sabe usted cómo se llaman estos dos enclaves españoles en tierras africanas? Si no, ¡búsquelos en un mapa!

68 Wo Rauch ist, ist auch Feuer

(wörtl.: Wenn der Fluss tönt, führt er Wasser)

Ist die spanische Geografie Neuland für Sie? Sicher kennen Sie bereits die Namen der größten Flüsse des Landes. Können Sie sagen, wie die Flüsse, die durch folgende Städte fließen, heißen?

1. Zaragoza
2. Sevilla
3. Toledo
4. Orense
5. Badajoz

► **Lösung**

1. el Ebro
2. el Guadalquivir
3. el Tajo
4. el Miño
5. el Guadiana

Drei dieser Flüsse und einen vierten großen, den wir hier nicht genannt haben, den **Duero**, teilen sich die Spanier mit ihrem Nachbarland Portugal: **Guadiana** und **Miño** sind direkte Grenzflüsse; der **Tajo** *(portug.* Tejo) mündet bei Lissabon, der **Duero** *(portug.* Douro) weiter nördlich bei Porto in den Atlantik.

69 Auf afrikanischem Boden

An der Nordküste Marokkos liegen zwei Städte, die seit Jahrhunderten zum Staatsgebiet Spaniens gehören, obwohl es immer mehr Proteste von marokkanischer Seite gibt. Eine der beiden Hafenstädte liegt gegenüber von Gibraltar und hat ca. 65.000 Einwohner, die andere liegt viel weiter östlich, in Richtung algerische Grenze. Sie hat etwa 52.000 Einwohner. Ein Drittel der Bevölkerung ist mohammedanisch. In Spanien gehen viele junge Männer, die ihren Militärdienst ableisten müssen, nach Afrika.

Wissen Sie bereits, wie diese beiden spanischen Enklaven auf afrikanischem Boden heißen? Wenn nicht, suchen Sie sie auf einer Landkarte!

► **Lösung**
Ceuta und **Melilla**

70 Pintoresco

España es un país rico en museos y galerías de pintura. En Figueres está el museo de Dalí, en Barcelona el museo de Picasso y la fundación Joan Miró. En Madrid encontramos uno de los museos más famosos del mundo, el Prado, y en el museo "Reina Sofía" hay cuadros de pintores contemporáneos, por sólo mencionar los más conocidos. Aunque usted no haya visitado ninguno de estos museos, seguro que conoce algunos cuadros de pintores españoles. ¿Puede indicar de qué pintores famosos son los siguientes cuadros, no menos famosos?

1. Las Meninas	**a)** Pablo Picasso
2. El Guernica	**b)** El Greco
3. La Maja desnuda	**c)** Salvador Dalí
4. La girafa ardiente	**d)** Francisco de Goya
5. El Caballero de la mano en el Pecho	**e)** Diego Velázquez

71 Isabel Allende

La conocida escritora chilena nació en el año 1942. Periodista de profesión, comenzó trabajando para una revista femenina en Chile. Participó además en programas de televisión hablando de recetas de cocina y de horóscopos. Después del golpe militar en Chile en 1973, que terminó con el gobierno de su tío, Salvador Allende, la escritora se exilió en Venezuela con su esposo y sus dos hijos. Hoy vive en San Francisco y está casada en segundas nupcias. Isabel Allende es hoy sin duda una de las novelistas latinoamericanas más leídas. ¿Sabe Ud. cómo se llama su libro más conocido que también fue llevado al cine?

70 Malerisch

Spanien ist ein an Museen und Gemäldegalerien reiches Land. In Figueres ist das Dalí-Museum, in Barcelona das Picasso-Museum und die Stiftung Joan Miró. In Madrid finden wir eines der berühmtesten Museen der Welt, den Prado, und das Museum „Königin Sophia" zeigt Bilder von zeitgenössischen Malern, um nur die bekanntesten zu nennen. Selbst wenn Sie noch keines dieser Museen besucht haben, kennen Sie sicher einige Bilder von spanischen Malern. Können Sie angeben, von welchen berühmten Malern die folgenden Bilder sind?

1. Die Edelfräulein	**a)** Pablo Picasso
2. Guernica	**b)** El Greco
3. Die nackte Maja	**c)** Salvador Dalí
4. Die brennende Giraffe	**d)** Francisco de Goya
5. Der Ritter mit der Hand auf der Brust	**e)** Diego Velázquez

▶ **Lösung**

1. e) 2. a) 3. d) 4. c) 5. b)

71 Isabel Allende

Die bekannte chilenische Schriftstellerin wurde 1942 geboren. Von Beruf Journalistin, arbeitete sie zunächst für eine chilenische Frauenzeitschrift. Außerdem machte sie Fernsehsendungen über Kochrezepte und Horoskope. Nach dem Militärputsch in Chile im Jahre 1973, der die Regierung ihres Onkels Salvador Allende beendete, ging die Schriftstellerin mit ihrem Ehemann und ihren zwei Kindern nach Venezuela ins Exil. Heute lebt sie in San Francisco und ist zum zweiten Mal verheiratet. Isabel Allende ist heute zweifelsohne eine der meistgelesenen Romanschriftstellerinnen Lateinamerikas. Wissen Sie, wie ihr bekanntestes Buch heißt, das auch verfilmt wurde?

▶ **Lösung**

La casa de los espíritus Das Geisterhaus

72

¿Los árboles le impiden ver el bosque?

¿Qué árbol más raro es éste? Lleva frutos muy bonitos. No se los puede comer, pero de ellos se produce un buen aguardiente[1]. Junto a un animal grande, de piel marrón, este árbol es el símbolo de la capital española. ¿Qué árbol es?

[1] **el aguardiente** Schnaps

73 En barco al Nuevo Mundo

Cristóbal Colón emprendió su primer viaje al Nuevo Mundo el 3 de agosto de 1492. Salió de Cabo de Palos en Andalucía y llegó a San Salvador el 12 de octubre del mismo año. De allí se dirigió rumbo a Cuba y en diciembre a la isla Hispaniola, hoy Haití. El 15 de marzo de 1493 volvió otra vez a Palos. En total emprendió tres viajes más al nuevo continente, que él había descubierto sin haberlo reconocido jamás.
Ahora le toca a usted: ¿sabe cómo se llamaron las tres carabelas del primer viaje del Gran Almirante?

72 Sehen Sie vor lauter Bäumen den Wald nicht?

(wörtl.: Hindern die Bäume Sie, den Wald zu sehen?)

Was für ein seltsamer Baum ist das? Er trägt sehr hübsche Früchte. Man kann sie nicht essen, aber aus ihnen wird ein guter Schnaps gemacht. Zusammen mit einem großen Tier mit braunem Fell ist dieser Baum das Symbol der spanischen Hauptstadt. Welcher Baum ist das?

▶ Lösung

el madroño der Erdbeerbaum *(arbutus)*

Das Wappentier von Madrid ist ein Bär, der von einem Erdbeerbaum nascht: **el oso y el madroño**. Dieser Bär ist aber nicht der einzige (aus Bronze), der in Madrid steht. Es gibt auch einen Berliner Bären, in der Nähe des **Colegio Alemán**, der *Deutschen Schule*. Übrigens: Wenn Sie nach Madrid kommen, sollten Sie den **licor de madroño** probieren.

73 Mit dem Schiff in die Neue Welt

Christoph Kolumbus unternahm seine erste Reise in die Neue Welt am 3. August 1492. Er startete von Cabo de Palos in Andalusien und kam am 12. Oktober desselben Jahres in San Salvador an. Von dort aus fuhr er weiter Richtung Kuba und im Dezember zur Insel Hispaniola, heute Haiti. Am 15. März 1493 kam er wieder nach Palos zurück. Insgesamt unternahm er drei weitere Reisen zum neuen Kontinent, den er entdeckt hatte, ohne es jemals erkannt zu haben.
Jetzt sind Sie dran: Wissen Sie, wie die drei Karavellen der ersten Reise des Großadmirals hießen?

▶ Lösung

Santa María, Niña und Pinta

74

La tierra larga

En el sur de Sudamérica se encuentra un país muy largo y angosto, casi como en una isla, pues no es muy fácil llegar a sus vecinos. Para llegar a Perú, el vecino en el norte, hay que pasar por el largo desierto de Atacama. Para llegar a Bolivia o Argentina, los vecinos al oriente, hay que cruzar la cordillera de los Andes. El sur y el occidente del país limitan con el Océano Pacífico.
Como es un país tan largo, hay en él muy diferentes zonas climáticas. En el norte, está el desierto de Atacama, la zona más seca de nuestro planeta. En el sur, hay lugares donde llueve prácticamente todo el año. Un clima muy agradable se encuentra en la zona central del país.
¿Ya sabe Ud. de qué país se trata?

75 Poderoso caballero es Don Dinero

Claro que en los diferentes países hispanohablantes se usan monedas diferentes. ¿Sabe usted qué monedas se usan en qué país? Trate de averiguarlo:

1. México	**a)** sol
2. España	**b)** peso
3. Venezuela	**c)** bolivar
4. Argentina	**d)** peseta
5. Perú	

74 Das lange Land

Im Süden von Südamerika findet man ein sehr langes und schmales Land. Fast wie auf einer Insel ist es hier nicht leicht, zu seinen Nachbarn zu gelangen. Um nach Peru zu kommen, dem Nachbarn im Norden, muss man die lange Atacamawüste durchqueren. Um nach Bolivien oder Argentinien zu kommen, den Nachbarn im Osten, muss man die Anden überqueren. Der Süden und Westen des Landes grenzt an den Pazifischen Ozean.
Da es ein sehr langes Land ist, findet man sehr unterschiedliche klimatische Zonen. Die Atacamawüste im Norden ist die trockenste Zone unseres Planeten. Im Süden des Landes gibt es Orte, wo es praktisch das ganze Jahr über regnet. Ein sehr angenehmes Klima findet man in der zentralen Zone des Landes.
Wissen Sie schon, um welches Land es sich handelt?

► **Lösung**

Chile

75 Geld regiert die Welt

(wörtl.: Ein mächtiger Herr ist Don Geld)

Klar, dass in den verschiedenen spanischsprachigen Ländern unterschiedliche Währungen benutzt werden. Wissen Sie, welche Währung in welchem Land in Umlauf ist? Versuchen Sie es herauszufinden:

► **Lösung**

1. b) 2. d) 3. c) 4. b) 5. a)

76 Records

¿Cómo se llama ...

1. la montaña más alta de toda América?
a) Illimani
b) Aconcagua
c) Chimborazo

2. el desierto más extenso del mundo?
a) Namib
b) Sahara
c) Atacama

3. el desierto más seco del mundo?
a) Namib
b) Sahara
c) Atacama

77 Monumentos indígenas

¿Qué tal su conocimiento de las culturas indígenas antiguas en Latinoamérica? ¿Bien? Entonces, ¡manos a la obra! Identifique el lugar en que se encuentran los siguientes monumentos.

1. la Puerta del Sol	**a)** Cuzco (Perú)
2. el Templo del Sol	**b)** Teotihuacán (Méjico)
3. la Pirámide del Sol	**c)** Oajaca (Méjico)
4. el Palacio de Mitla	**d)** Tiahuanaco (Bolivia)
5. la Pirámide del Templo Tikal	**e)** Petén (Guatemala)

76 Rekorde

Wie heißt ...

1. der höchste Berg von ganz Amerika?
   a) Illimani
   b) Aconcagua
   c) Chimborazo
2. die ausgedehnteste Wüste der Erde?
   a) Namib
   b) Sahara
   c) Atacama
3. die trockenste Wüste der Erde?
   a) Namib
   b) Sahara
   c) Atacama

▶ **Lösung**

1. b) 2. b) 3. c)

77 Indianische Bauwerke

Wie sind Ihre Kenntnisse der alten indianischen Kulturen von Lateinamerika? Gut? Dann an die Arbeit! Finden Sie den Ort, wo sich die folgenden Bauwerke befinden.

1. das Sonnentor	**a)** Cuzco (Peru)
2. der Sonnentempel	**b)** Teotihuacán (Mexiko)
3. die Sonnenpyramide	**c)** Oajaca (Mexiko)
4. der Palast von Mitla	**d)** Tiahuanaco (Bolivien)
5. die Tempel-Pyramide von Tikal	**e)** Petén (Guatemala)

▶ **Lösung**

1. d) 2. a) 3. b) 4. c) 5. e)

78 Los Andes

¿Cómo se llama el pájaro típico de la cordillera de los Andes?

1. el pelícano
2. el cóndor
3. el pato
4. el avestruz

79

La cabeza llena de números

A veces ciertas palabras se combinan automáticamente con números. ¿En qué número piensa Ud. con las siguientes palabras?

1. equipo de fútbol
2. continentes
3. alfabeto español
4. Nochevieja
5. Reyes Magos
6. mayor de edad

78 Die Anden

Wie heißt der typische Vogel der Anden?

1. der Pelikan
2. der Kondor
3. die Ente
4. der Strauß

► Lösung

2. el cóndor der Kondor

Der Kondor ist der größte Geiervogel. Er lebt in den Hochgebirgen Südamerikas in bis zu 5000 m Höhe. Er wird bis zu 160 cm lang und erreicht eine Flügelspanne von 3 m. Der Kondor lebt hauptsächlich von Aas, greift manchmal aber auch lebende, meist kranke Tiere an.

79 Den Kopf voller Zahlen

Manchmal verbindet man bestimmte Wörter automatisch mit Zahlen. Welche Zahl fällt Ihnen bei folgenden Wörtern ein?

1. Fußballmannschaft
2. Erdteile
3. spanisches Alphabet
4. Silvester
5. die heiligen Könige
6. volljährig

► Lösung

1. **once (11)**
2. **cinco (5)**
3. **ventiocho (28)**
4. **treinta y uno (31)**
5. **tres (3)**
6. **dieciocho (18)**

80 Escritores famosos

Pablo Neruda, uno de los grandes escritores latinoamericanos, recibió el premio Nobel de Literatura en el año 1971. ¿Sabe Ud. qué nacionalidad tenía este escritor?

1. peruano
2. colombiano
3. chileno
4. argentino

81 Épocas pasadas

Ya han pasado más de 500 años desde que un día el navegante Cristóbal Colón, partiera en sus tres carabelas para encontrar la vía marítima a la India. Pero en el lugar de eso descubrió América, el nuevo continente. ¿Sabe Ud. qué nombre recibe la época anterior al descubrimiento de Colón?

1. prolatino
2. precolombino
3. prehistórico

80 Berühmte Schriftsteller

Pablo Neruda, einer der großen lateinamerikanischen Schriftsteller, erhielt 1971 den Literatur-Nobelpreis.
Wissen Sie, welche Nationalität dieser Schriftsteller hatte?

1. Peruaner
2. Kolumbianer
3. Chilene
4. Argentinier

▶ **Lösung**

3. chileno Chilene

Pablo Neruda lebte von 1904 bis 1973. Seine bekanntesten Werke sind: **Canto General** („Der große Gesang"), die Autobiografie **Confieso que he vivido** („Ich bekenne, ich habe gelebt") und **Veinte poemas de amor** („20 Liebesgedichte"). Der engagierte Dichter Neruda war unter der Allende-Regierung Botschafter seines Landes in Paris. Er starb wenige Tage nach dem Militärputsch von Pinochet 1973.

81 Vergangene Zeiten

Es sind schon mehr als 500 Jahre vergangen, seit der Seefahrer Christoph Kolumbus mit seinen drei Karavellen losfuhr, um den Seeweg nach Indien zu finden. Aber er entdeckte stattdessen den neuen Kontinent Amerika. Wissen Sie, wie man das Zeitalter vor Kolumbus' Entdeckung nennt?

1. prälateinisch
2. präkolumbisch
3. prähistorisch

▶ **Lösung**

2. precolombino präkolumbisch

82

Andalucía, tierra de vinos

En el sur de Andalucía se encuentra Cádiz, una de las ciudades más antiguas de Europa. Cerca de Cádiz, está Jerez de la Frontera, ciudad famosa en todo el mundo por sus vinos: ahí se produce el *Jerez*. En Jerez celebran los jerezanos todos los años la Feria de la Vendimia[1]. Ese día las mujeres se visten con el traje típico de la zona y llevan cestos llenos de uvas recién cosechadas. Las ponen cerca de la estatua de San Ginés de la Jara para ser bendecidas. Luego se produce el primer mosto de las uvas.
¿Seguro que Ud. sabe con qué otro nombre se conoce el vino de Jerez?

[1] **la vendimia** die Weinernte

83 Mejor que andar a gatas

¿Conoce usted bien la capital de España? ¿Ya ha recorrido usted Madrid a pie o en los medios de transporte locales? Entonces podrá responder fácilmente a esta pregunta: ¿Qué tienen en común las siguientes palabras?

Goya, Gran Vía, San Bernardo, Lavapiés, Atocha, Legazpi y Sol.

82 Andalusien, Land der Weine

Im Süden Andalusiens liegt Cádiz, eine der ältesten Städte Europas. In der Nähe von Cádiz liegt Jerez de la Frontera, eine in der ganzen Welt für ihre Weine bekannte Stadt: von dort kommt der **Jerez**. In Jerez feiern die „Jerezanos" jedes Jahr das Weinerntefest. An diesem Tag kleiden sich die Frauen mit der für die Gegend typischen Tracht und bringen volle Körbe mit frisch geernteten Trauben. Diese stellen sie in die Nähe der Statue von San Ginés de la Jara, damit sie geweiht werden. Bald danach wird aus den Trauben der erste Most gemacht. Sicher wissen Sie, unter welchem anderen Namen man den Wein von Jerez kennt?

► **Lösung**

Sherry

Die ersten Importeure des **Jerez** waren die Engländer. Und da es für die Engländer schwierig war, das spanische **„j"** auszusprechen, haben sie den Wein *Sherry* genannt.

83 Besser als auf allen vieren zu kriechen

Kennen Sie die spanische Hauptstadt gut? Haben Sie Madrid schon zu Fuß oder mit den örtlichen Verkehrsmitteln erkundet? Dann werden Sie diese Frage leicht beantworten können: Was haben die folgenden Wörter gemeinsam?

Goya, Gran Vía, San Bernardo, Lavapiés, Atocha, Legazpi und Sol.

► **Lösung**

Alle sieben sind Stationen der Madrider U-Bahn. Sie heißt **el metro**.

84 Un canario de las Canarias

Al territorio nacional de España pertenecen dos grupos de islas: las Baleares en el Mar Mediterráneo y las Islas Canarias en el Atlántico. Las Baleares constan de 4 islas mayores y las Canarias de 7. ¿Las sabría nombrar todas? Elija del siguiente recuadro cuáles pertenecen a qué archipiélago y responda a las dos preguntas a continuación:

Gomera	La Palma	Mallorca	Gran Canaria	Menorca
Hierro	Ibiza	Fuerteventura	Formentera	Lanzarote
				Tenerife

1. ¿Cuál es la capital de Tenerife?
2. ¿Cuál es la capital de Gran Canaria?

85 La lengua quechua

En la ciudad de Sucre fue declarada la Independencia de Bolivia. Se llama Sucre en honor al Libertador y primer presidente de Bolivia Antonio José de Sucre. Sucre está ubicada a una altura de 2.835 m. Antiguamente esta ciudad se llamó "Chuquisaca" y "Charcas", nombres de origen quechua, lengua muy extendida en los Andes. ¿De qué pueblo antiguo indígena proviene la lengua quechua que es hablada por unos tres millones de personas actualmente?

84 Ein Kanare (oder Kanarienvogel) von den Kanaren

Zum spanischen Nationalgebiet gehören zwei Inselgruppen: die Balearen im Mittelmeer und die Kanarischen Inseln im Atlantik. Die Balearen bestehen aus 4 Hauptinseln und die Kanaren aus 7. Können Sie alle nennen? Wählen Sie aus dem folgenden Kästchen aus, welche zu welcher Inselgruppe gehören, und beantworten Sie die zwei darauf folgenden Fragen:

1. Was ist die Hauptstadt von Teneriffa?
2. Was ist die Hauptstadt von Gran Canaria?

▶ Lösung

Baleares: Ibiza, Formentera, Mallorca, Menorca
Canarias: Gomera, Hierro, La Palma, Fuerteventura, Gran Canaria, Tenerife, Lanzarote

1. **Santa Cruz de Tenerife**
2. **Las Palmas**

85 Die Sprache Quechua

In der Stadt Sucre wurde die Unabhängigkeit Boliviens ausgerufen. Die Stadt heißt Sucre zu Ehren des Befreiers und ersten Präsidenten von Bolivien, Antonio José de Sucre. Sucre befindet sich auf einer Höhe von 2.835 m. Früher hieß diese Stadt „Chuquisaca" und „Charcas", Namen aus dem Quechua, einer im Andenraum sehr verbreiteten Sprache. Von welchem alten Indiovolk stammt die Sprache Quechua, die derzeit von etwa 3 Millionen Menschen gesprochen wird?

▶ Lösung

Die Sprache Quechua stammt von den Inkas.

86 La Sagrada Familia

Uno de los monumentos más conocidos de Barcelona es la catedral *La Sagrada Familia*, no terminada hasta hoy. Su creador nació en Cataluña en 1852. En 1881 se empezaron las obras para la catedral. Entretanto el arquitecto realizó también el proyecto del parque Güell en Barcelona. En 1926 murió trágicamente al ser atropellado por un tranvía, sin haber podido terminar su obra maestra.
¿Cómo se llamaba el artista?

87

¿Quién es?

Es uno de los deportistas españoles más famosos, si no el más famoso. En su deporte utiliza un casco y una "máquina" de ruedas, pero sin motor. Desde 1991 ha ganado durante cinco años consecutivos la carrera más importante de su deporte, todo un récord. Como premio recibió cada vez, a parte del dinero, un ramo de flores, una camiseta amarilla y un beso. En 1996 incluso obtuvo una medalla de oro en los Juegos Olímpicos de Atlanta. El deportista a quien nos referimos es de Navarra y vive cerca de Pamplona.
¿Quién es?

86 Die Heilige Familie

Eines der bekanntesten Wahrzeichen von Barcelona ist die bis heute unvollendete Kathedrale zur *Heiligen Familie*. Ihr Erbauer wurde 1852 in Katalonien geboren. 1883 begannen die Arbeiten an der Kathedrale. Währenddessen gestaltete er auch den Güell-Park in Barcelona. 1926 erlitt der Architekt einen tragischen Tod: er wurde von einer Straßenbahn überfahren und starb, ohne sein Hauptwerk vollenden zu können.

Wie hieß der Künstler?

▶ Lösung

Antonio Gaudí (1852–1926)

Neben der Kathedrale und dem Parque Güell mit seinen Mosaiken und zoomorphen Formen ist in Barcelona noch das um die Jahrhundertwende entstandene Jugendstilhaus **Casa Milà** von Gaudí zu bewundern.

87 Wer ist es?

Er ist einer der berühmtesten spanischen Sportler, wenn nicht der berühmteste. Bei seinem Sport benutzt er einen Helm und eine „Maschine" mit Rädern, aber ohne Motor. Von 1991 an hat er in fünf aufeinander folgenden Jahren das wichtigste Rennen seiner Sportart gewonnen, ein Rekord. Als Preis erhielt er jedes Mal, außer Geld, einen Blumenstrauß, ein gelbes Trikot und einen Kuss. 1996 bekam er sogar eine Goldmedaille bei den Olympischen Spielen in Atlanta. Der Sportler, den wir meinen, ist aus Navarra und lebt bei Pamplona.
Wer ist es?

▶ Lösung

Miguel Induráin. Er ist Radrennfahrer.

88

El ingenioso hidalgo ...[1]

"En un lugar de la Mancha, de cuyo nombre no quiero acordarme ...". Así comienza el famoso libro de Miguel de Cervantes sobre el caballero de la triste figura, que luchó contra molinos de viento. ¿Sabría Ud. decir el nombre de los cuatro personajes de esta novela que le describimos a continuación? ¡A ver si se acuerda!

1. el caballero alto y flaco
2. su escudero[2] gordito
3. la dama del caballero
4. su caballo paciente

[1] Primeras palabras del título de la gran obra de Cervantes *El ingenioso hidalgo Don Quijote de la Mancha*, novela conocida de todos por *El Quijote*.
[2] **el escudero** der Schildknappe

89 Regiones desconocidas

Si un amigo español le cuenta que ha estado un día en Baviera, usted sabrá que ha estado en el sur de Alemania. *Baviera* es un estado federado[1] alemán, cuya capital es Munich. ¿Conoce usted también los nombres españoles de otras regiones de Alemania?

1. Renania del Norte-Westfalia
2. Brande(n)burgo
3. Pomerania Occidental
4. Renania-Palatinado
5. Sajonia
6. Turingia

[1] **estado federado** Bundesland

88 Der sinnreiche Junker ...[1]

„In einem Ort der Mancha, an dessen Namen ich mich nicht erinnern will ..." So beginnt das berühmte Buch von Miguel de Cervantes über den Ritter von der traurigen Gestalt, der gegen Windmühlen kämpfte. Könnten Sie die Namen der vier Personen aus diesem Roman nennen, die wir im Folgenden beschrieben haben? Mal sehen, ob Sie sich daran erinnern!

1. der große magere Ritter
2. sein beleibter Schildknappe
3. die Dame des Ritters
4. das geduldige Pferd

1 Die ersten Worte des Titels von Cervantes' großem Werk *„Der sinnreiche Junker Don Quijote von la Mancha"*, ein Roman, der allgemein als *„Don Quijote"* bekannt ist.

▶ Lösung

1. Don Quijote **3. Dulcinea del Toboso**
2. Sancho Panza **4. Rocinante**

! Sancho Panza trägt seine Statur und die im Vergleich zu seinem Herrn profane Lebensphilosophie bereits im Namen: **la panza** heißt *Bauch, Wanst.*

89 Unbekannte Gebiete

Wenn ein spanischer Freund Ihnen erzählt, dass er einmal in **Baviera** war, werden Sie verstehen, dass er in Süddeutschland war. Bayern ist ein deutsches Bundesland, dessen Hauptstadt München ist. Kennen Sie auch die spanischen Namen für andere deutsche Bundesländer?

▶ Lösung

1. Nordrhein-Westfalen
2. Brandenburg
3. Mecklenburg-Vorpommern
4. Rheinland-Pfalz
5. Sachsen
6. Thüringen

90 México-americano

Por mi madre yo soy mexicano.
Por mi destino soy americano.
Yo soy de la raza de oro,
yo soy méxico-americano.
De Zacatecas a Minnesota,
de Tijuana a Nueva York,
dos países son mi tierra.
Los defiendo con mi honor.
Dos idiomas y dos países,
dos culturas tengo yo.
En mi suerte tengo orgullo
porque así lo manda Dios.

Leyendo este poema popular mexicano surge una pregunta: ¿Cómo se llaman las personas de origen mexicano que viven en EE.UU.?

1. chacos
2. muchachos
3. chicanos

90 Mexikanisch-amerikanisch

Durch meine Mutter bin ich Mexikaner.
Durch mein Schicksal Amerikaner.
Ich gehöre der goldenen Rasse an,
ich bin mexikanisch-amerikanisch.
Von Zacatecas bis Minnesota,
von Tijuana bis New York,
zwei Länder sind meine Heimat.
Ich verteidige sie mit meiner Ehre.
Zwei Sprachen und zwei Länder,
zwei Kulturen habe ich.
Ich bin stolz auf mein Schicksal,
denn so befiehlt es Gott.

Wenn Sie dieses populäre mexikanische Gedicht lesen, taucht eine Frage auf: Wie nennen sich die in den USA lebenden Menschen mexikanischer Herkunft?

1. chacos
2. muchachos
3. chicanos

▶ **Lösung**

3. chicanos

91 Emigrantes

En el año 1853 el gobierno español empezó a fomentar la emigración a los países latinoamericanos recién independizados (después de una larga y dura lucha). Con la ilusión de mejorar su situación económica y tener una mejor vida, muchas personas del Viejo Mundo se fueron al Nuevo. Más de dos millones de españoles (la mayoría provenientes de Galicia) salieron de España entre los años 1860 y 1915. Unos se quedaron en Cuba, otros en Brasil y la mayoría se instaló en Argentina, porque éstos eran los países que estaban en pleno auge de desarrollo. ¿Sabe Ud. cómo se llaman los inmigrantes españoles en Argentina?

92

El país de las maravillas

¡Qué país tan interesante!

Allí hablan español e inglés, pero pagan en dólares y tienen pasaportes estadounidenses. Cuando los jóvenes tienen que ir a la mili, van a Estados Unidos. Desde 1952 el país es *estado libre asociado* de los EE.UU. y, según un referendum del año 1993, la mayoría de la población está de acuerdo con este *statu quo*. Los habitantes de este país, por muy estrechas que sean sus relaciones con el poderoso vecino norteamericano, no tienen derecho a elegir el presidente de los EE.UU.

¿Sabe usted ya de qué país estamos hablando?

91 Auswanderer

Im Jahre 1853 begann die spanische Regierung die Auswanderung in die gerade (nach einem langen und harten Kampf) unabhängig gewordenen lateinamerikanischen Länder zu fördern. In der Hoffnung, ihre wirtschaftliche Situation zu verbessern und ein besseres Leben zu haben, wanderten viele Menschen aus der Alten Welt in die Neue. Mehr als zwei Millionen Spanier (die Mehrzahl aus Galicien stammend) verließen Spanien in den Jahren zwischen 1860 und 1915. Einige blieben in Kuba, andere in Brasilien, und die Mehrheit hat sich in Argentinien niedergelassen, da dies die Länder waren, die sich in vollem Entwicklungsaufschwung befanden. Wissen Sie, wie man die spanischen Einwanderer in Argentinien nennt?

▶ **Lösung**

gallegos Galicier

92 Das Wunderland

Was für ein interessantes Land!

Dort spricht man Spanisch und Englisch, man bezahlt seine Einkäufe mit Dollars und hat amerikanische Pässe. Wenn die jungen Männer ihren Militärdienst leisten, gehen sie in die USA. Seit 1952 ist das Land ein *freier assoziierter Staat* der Vereinigten Staaten, und nach einem Referendum aus dem Jahr 1993 ist die Mehrheit der Bevölkerung einverstanden mit diesem Status quo. Die Einwohner dieses Landes, so enge Beziehungen sie auch mit dem mächtigen nordamerikanischen Nachbarn haben mögen, haben nicht das Recht, den amerikanischen Präsidenten zu wählen.

Wissen Sie schon, von welchem Land wir sprechen?

▶ **Lösung**

Puerto Rico

93 Yo soy un hombre sincero

Yo soy un hombre sincero
de donde crece la palma,
y antes de morir yo quiero
echar mis versos del alma.

Mi verso es de un verde claro
y de un carmín encendido;
mi verso es un ciervo herido
que busca en el monte amparo.

¿Le suenan estas dos estrofas de una canción muy popular, sobre todo en Latinoamérica? Seguro que la ha escuchado ya varias veces. ¿Sabe responder a estas tres preguntas?

1. ¿Cómo se llama la canción?
2. ¿De qué país es?
3. ¿Quién es el autor de los versos?

94 Lenguas de España

El español es una de las lenguas más habladas del mundo después del inglés y del chino. En España, aparte del español, se hablan otras tres lenguas: el gallego, el vasco y el catalán. ¿Sabe Ud. dónde se hablan?

93 Ich bin ein ehrlicher Mensch

Ich bin ein ehrlicher Mensch
von dort, wo die Palme wächst,
und bevor ich sterbe, will ich
mir meine Verse von der Seele schreiben.

Mein Vers ist von hellem Grün
und leuchtendem Karminrot;
mein Vers ist ein verwundeter Hirsch
der im Gebirge Schutz sucht.

Kommen Ihnen diese zwei Strophen eines vor allem in Lateinamerika sehr populären Liedes bekannt vor? Sicher haben Sie es schon mehrmals gehört. Können Sie die folgenden drei Fragen beantworten?

1. Wie heißt das Lied?
2. Aus welchem Land kommt es?
3. Wer ist der Autor der Verse?

► **Lösung**

1. **Guantanamera**
2. **Kuba**
3. **José Martí (1853–1895)**

94 Sprachen in Spanien

Spanisch ist eine der meistgesprochenen Sprachen der Welt nach Englisch und Chinesisch. Außer Spanisch spricht man in Spanien noch drei andere Sprachen: Galicisch, Baskisch und Katalanisch. Wissen Sie, wo man sie spricht?

► **Lösung**

1. **en Galicia**	in Galicien
2. **en Euskadi o País Vasco**	im Baskenland
3. **en Cataluña, Valencia y las Islas Baleares**	in Katalonien, Valencia und auf den Balearen

95 Música andina: Sentimientos de una cultura indígena

La música andina expresa sobre todo el respeto y el amor que sienten los indios por la naturaleza, la sagrada PACHA MAMA (madre tierra), como ellos la llaman en lengua quechua. Las melodías andinas son bonitas y diversas, especialmente en las sierras de Ecuador, Perú y Bolivia, donde la cultura indígena mantiene vitalidad.

Por cierto, ¿sabe Ud. cómo se titula una melodía andina conocida en todo el mundo, compuesta por un peruano, que ha llegado a ser casi el segundo himno nacional del Perú? El tema fue inspirado en el vuelo de un pájaro grande, el rey del aire andino. Para los Incas éste fue un pájaro sagrado.

96 La monarquía

España es una monarquía constitucional. El rey de España ha desempeñado un papel importante en el cambio político que hubo en España después de la muerte del dictador Franco en el año 1975.

1. ¿Cómo se llama el rey?
a) Juan II
b) Alfonso III
c) Juan Carlos I

2. ¿De dónde viene la reina Sofía?
a) de Italia
b) de Grecia
c) de Alemania

95 Musik aus den Anden: Gefühle einer indianischen Kultur

Die Musik aus den Anden drückt vor allem den Respekt und die Liebe aus, die die Indios für die Natur empfinden, für die ehrwürdige PACHA MAMA (Mutter Erde), wie sie sie in der Quechua-Sprache nennen. Die Andenmelodien sind schön und vielfältig, vor allem in den Bergen von Ecuador, Peru und Bolivien, wo die indianische Kultur noch lebendig ist.

Übrigens: Wissen Sie, wie die in der ganzen Welt bekannte Melodie der Anden heißt, die von einem Peruaner komponiert und fast zur zweiten Nationalhymne von Peru wurde? Das Thema wurde vom Flug eines großen Vogels inspiriert, dem König der Lüfte im Andenraum. Für die Inkas war er ein heiliger Vogel.

▶ Lösung

El condor pasa *(wörtl.:* Der Kondor fliegt vorbei)

96 Die Monarchie

Spanien ist eine konstitutionelle Monarchie. Der spanische König spielte beim politischen Wandel in Spanien nach dem Tod des Diktators Franco im Jahr 1975 eine wichtige Rolle.

1. Wie heißt der König?
a) Juan II. **b)** Alfons III. **c)** Juan Carlos I.

2. Aus welchem Land kommt die Königin Sophia?
a) aus Italien **b)** aus Griechenland **c)** aus Deutschland

▶ Lösung

1. c) 2. b)

Der spanische König ist das Staatsoberhaupt seines Landes, die Exekutive liegt bei der Regierung unter Leitung des Ministerpräsidenten. Die Legislative liegt beim Parlament, das aus dem Kongress der Deputierten und dem Senat besteht.

97 

La noche estrellada del sur

Desde los primeros viajes del hombre al sur de este mundo, hasta hoy día, la vista del cielo nocturno sigue causando fascinación. Si Ud. se encuentra, por ejemplo, en un valle alto en los Andes, lejos de cualquier luz artificial y en el aire puro, podrá disfrutar de un cielo estrellado, como no lo ha visto nunca antes. Especialmente en el cielo del sur se encuentran objetos, que no se pueden ver desde Europa con una belleza parecida. Con el puro ojo se reconocen las dos Nubes Magallanes, los vecinos más próximos de nuestra galaxia, como dos grandes manchas en el firmamento. Muy famosa es una constelación que se destaca por su forma de cruz, un símbolo del mundo del sur. ¿Sabe Ud. cómo se llama?

98 Ríos y mares

Seguramente conoce usted algunos ríos de España como el Ebro, el Guadalquivir o el Tajo. ¿Pero sabe también cómo se llaman los ríos y los dos mares alemanes en español?

1. Donau
2. Elbe
3. Main
4. Rhein
5. Nordsee
6. Ostsee

97 Die Sternennacht des Südens

Seit den ersten Reisen des Menschen in den Süden dieser Welt bis zum heutigen Tage verursacht der Anblick des nächtlichen Himmels immer wieder eine besondere Faszination. Wenn Sie sich zum Beispiel in einem hochgelegenen Tal der Anden befinden, fernab von jedem künstlichen Licht und in der klaren Luft, können Sie einen Sternenhimmel genießen, wie Sie ihn vorher noch nie gesehen haben. Speziell am Himmel des Südens findet man Objekte, die in vergleichbarer Pracht von Europa aus nie zu sehen sind. Mit bloßem Auge erkennt man die zwei Magellanschen Wolken, die nächsten Nachbarn unserer Galaxis, als große Nebelflecken am Firmament. Ganz berühmt ist ein besonders markantes, kreuzförmiges Sternbild, ein Symbol für die südliche Welt. Wissen Sie, wie es heißt?

► **Lösung**

la cruz del sur das Kreuz des Südens

98 Flüsse und Meere

Sie kennen sicher einige spanische Flüsse wie den Ebro, den Guadalquivir oder den Tajo. Aber wissen Sie auch, wie die deutschen Flüsse und die zwei deutschen Meere auf Spanisch heißen?

► **Lösung**

1. **Danubio**
2. **Elba**
3. **Meno**
4. **Rin**
5. **Mar del Norte**
6. **Mar Báltico**

! Im Spanischen sind alle Flüsse und Meere männlich, also: **el Danubio, el Elba, el Mar Báltico** usw.

99 Gente famosa

El conocido escritor colombiano Gabriel García Márquez, obtuvo el premio Nobel de Literatura en el año 1982. ¿Sabe Ud. cómo se llama una de sus obras más famosas? Elija la respuesta correcta:

1. Cien años de tortura
2. Cien años de soledad
3. Cien años de libertad

100

Idiomas en Latinoamérica

¿En cuáles de los siguientes países latinoamericanos el español no es el idioma oficial?

1. Colombia	**5.** Belice
2. Guatemala	**6.** Chile
3. Brasil	**7.** Surinam
4. Costa Rica	**8.** Nicaragua

99 Berühmte Leute

Der bekannte kolumbianische Schriftsteller Gabriel García Márquez bekam 1982 den Literatur-Nobelpreis. Wissen Sie, wie eines seiner berühmtesten Werke heißt? Wählen Sie die richtige Antwort aus:

1. Hundert Jahre Folter
2. Hundert Jahre Einsamkeit
3. Hundert Jahre Freiheit

▶ Lösung

2. ***Cien años de soledad*** *Hundert Jahre Einsamkeit*

García Márquez (geb. 1928) ist der bekannteste Vertreter des so genannten „magischen Realismus" aus Lateinamerika. Seine Romane sind alle ins Deutsche übersetzt und zum Teil auch verfilmt worden.

100 Sprachen in Lateinamerika

In welchen der folgenden Länder ist Spanisch nicht die offizielle Landessprache?

1. Kolumbien
2. Guatemala
3. Brasilien
4. Costa Rica
5. Belize
6. Chile
7. Surinam
8. Nicaragua

▶ Lösung

3. **En Brasil se habla portugués.**
In Brasilien spricht man Portugiesisch.
5. **En Belice se habla inglés.**
In Belize spricht man Englisch.
7. **En Surinam se habla holandés.**
In Surinam spricht man Niederländisch.

Wissenswertes & Amüsantes

1

¿Quieres té ...?

Sí, te quiero.

¿Cuál es el diminutivo de *té*?

1. tesito **3.** tececito
2. tecito **4.** tesesito

2 No eche usted la soga[1] tras el caldero[2/3]...

... ¡sino trate de completar los siguientes modismos con *echar!*

1. Llevar naranjas a España sería echar ________ en el mar.

2. Si les sirves un Rioja vas a echar ________________ a los puercos.

3. Se está metiendo siempre en esta disputa echando ______ al fuego.

[1] **soga** *f* Strick
[2] **caldero** *m* kleiner Kessel
[3] **echar la soga tras el caldero** die Flinte ins Korn werfen

1 Magst du Tee ...?

Ja, ich liebe dich.

So schnell können sich Spanier missverstehen, wenn sie nicht akzentuiert sprechen. Weil **te** (dich) und **té** (Tee) gleich lauten, kann der Satz natürlich auch heißen: Ja, Tee mag ich.

Welches ist die Verkleinerungsform von **té**?

► **Lösung**

3. tececito

Als häufigste Verkleinerungsformen werden **-ito, -ico, -illo** an den Wortstamm angehängt. Sie drücken auch Verniedlichung und Zuneigung aus. Nur so ist es zu erklären, dass die Spanier selbst noch an das Wort Tee die – relativ seltene – Verkleinerungsform **-cecito** anhängen.

2 Werfen Sie nicht die Flinte ins Korn ...

... sondern versuchen Sie, die folgenden Redewendungen mit ***echar*** *werfen, gießen* zu ergänzen!

1. Orangen nach Spanien mitzunehmen wäre, Wasser ins Meer gießen.
2. Wenn du ihnen einen Rioja anbietest, wirfst du Perlen vor die Säue.
3. Er mischt sich ständig in diese Auseinandersetzung ein und wirft dabei Brennholz ins Feuer.

► **Lösung**

1. echar agua en el mar	Eulen nach Athen tragen
2. echar margaritas a los puercos	Perlen vor die Säue werfen
3. echar leña al fuego	Öl ins Feuer gießen

3 Cine animal

¿Conoce el cine? Las siguientes películas tienen un animal en el título.
¿Cuáles son los equivalentes en alemán?

1. El oso
2. Danza con los lobos
3. Gorilas en la niebla
4. El gato sobre el tejado de zinc caliente
5. El beso de la mujer araña[1]

[1] **araña** *f* Spinne

4

Anagrama

Anagrama es una palabra que se obtiene por trasposición de las letras de otra palabra. ¡Trate de formar cada vez dos palabras nuevas españolas ordenando de manera diferente las letras de las palabras *Roma* y *cosa!*

1. Roma __________ __________
2. cosa __________ __________

3 Tierische Filme

Kennen Sie Kino? Die folgenden Filme haben ein Tier im Titel. Was sind ihre deutschen Pendants?

► Lösung

Die deutschen Titel sind in diesen Fällen den spanischen äußerst ähnlich, nämlich:

1. **El oso**	Der Bär
2. **Danza con los lobos**	Der mit dem Wolf tanzt
3. **Gorilas en la niebla**	Gorillas im Nebel
4. **El gato sobre el tejado de zinc caliente**	Die Katze auf dem heißen Blechdach
5. **El beso de la mujer araña**	Der Kuss der Spinnenfrau

! Sie haben Recht: **zinc** Zink müsste eigentlich mit **c** **(cinc)** geschrieben werden. Doch sind in diesem Fall beide Schreibweisen möglich. **Zenit** Zenit, **zigzag** Zickzack, **zeta** der Buchstabe **Z** und der griechische Gott **Zeus** sind weitere Wörter, die sich über spanische Rechtschreibregeln hinwegsetzen.

4 Anagramm

Ein Anagramm ist ein Wort, das man durch die Umstellung der Buchstaben eines anderen Wortes erhält. Versuchen Sie je zwei neue spanische Wörter zu bilden, indem Sie die Buchstaben der Wörter ***Roma*** und ***cosa*** umstellen!

► Lösung

1. **Roma**	Rom	**amor**	Liebe	**ramo**	Zweig
2. **cosa**	Sache	**saco**	Sack	**caso**	Fall

5 Frutos en baya[1]

¿Puede completar los nombres de las siguientes bayas con las letras que faltan?

1. gr se _ _ a
2. _ or _
3. f _ es _
4. za _ z _ mo _ _
5. fr _ _ b _ _ s _

[1] **baya** *f* Beere

6 Polígloto

¿Quién contesta en todas las lenguas que existen en el mundo, sin haber hecho un curso de idiomas?

7 Enjambre de insectos

El investigador de insectos Profesor Dr. Patamosca es una eminencia[1] en su rama. Sólo que es un poquito distraído. En el momento de poner en orden su valiosa colección de insectos los ha confundido uno con otro. ¿Puede usted ayudarle a ordenar nuevamente?
¡Intercambie la última o las dos últimas sílabas de las palabras entre sí y así usted obtendrá siete insectos completos!

1. libéracha ____________________
2. lanposa ____________________
3. cucaquito ____________________
4. escarallo ____________________
5. mosgosta ____________________
6. marilula ____________________
7. gribajo ____________________

[1] **eminencia** *f* Koryphäe

5 Beerenfrüchte

Können Sie die Namen der folgenden Beeren mit den fehlenden Buchstaben ergänzen?

▶ Lösung

1. **grosella** Johannisbeere
2. **mora** Maulbeere
3. **fresa** Erdbeere
4. **zarzamora** Brombeere
5. **frambuesa** Himbeere

6 Vielsprachig

Wer antwortet in allen Sprachen der Welt, ohne einen Sprachkurs gemacht zu haben?

▶ Lösung

el eco das Echo

7 Insektenschwarm

Insektenforscher Prof. Dr. Fliegenbein ist eine Koryphäe auf seinem Gebiet. Nur – er ist ein bisschen zerstreut. So hat er seine wertvolle Insektensammlung beim Aufräumen durcheinander gebracht. Können Sie ihm helfen, sie wieder zu ordnen? Tauschen Sie die letzten ein oder zwei Silben der Wörter untereinander aus, und Sie erhalten sieben vollständige Insekten!

▶ Lösung

1. **libé<u>lula</u>** Libelle
2. **lan<u>gosta</u>** Heuschrecke
3. **cuca<u>racha</u>** Küchenschabe
4. **escara<u>bajo</u>** Skarabäus
5. **mos<u>quito</u>** Stechmücke
6. **mari<u>posa</u>** Schmetterling
7. **gri<u>llo</u>** Grille

8 Para que usted no solo entienda jota ...

... encontrará a continuación algunos modismos más. ¿Podría usted completarlos?

1. fingir no ver a alguien: hacer la vista ___________
2. acertar[1] plenamente: dar en el ___________
3. no tener ninguna importancia algo para alguien: importarle[2] tres ___________
4. no aguantar[3] nada: ahogarse en un vaso de ___________

[1] **acertar** treffen
[2] **importar a** jdm. wert sein
[3] **aguantar** aushalten, ertragen

9

Falsos amigos

Heinz les cuenta a sus amigos españoles que ayer se comió unos olivos y bananos. Ellos se ríen a carcajadas[1]. ¿Por qué? ¿Son falsos amigos?

[1] **reirse a carcajadas** sich kaputtlachen

8 Damit Sie nicht nur Bahnhof verstehen ...
(wörtl.: nur Jota verstehen)

... finden Sie im folgenden noch ein paar Redewendungen. Können Sie sie ergänzen?

1. so tun, als ob man jemanden nicht sieht: den Blick dick machen
2. einen Volltreffer landen: auf den Nagel hauen
3. ganz und gar unwichtig sein für jemanden: ihm drei Gurken wert sein
4. nichts aushalten: in einem Wasserglas ertrinken

▶ Lösung

1. **hacer la vista gorda**	sich blind stellen
2. **dar en el clavo**	den Nagel auf den Kopf treffen
3. **importarle tres pepinos**	jemandem schnuppe sein
4. **ahogarse en un vaso de agua**	von jedem Windhauch umgeblasen werden

9 Falsche Freunde

Heinz erzählt seinen spanischen Freunden, dass er gestern **olivos** und **bananos** gegessen hat. Sie lachen sich kaputt. Weshalb? Sind sie falsche Freunde?

▶ Lösung

Nein, die spanischen Freunde sind keine falschen Freunde. Vielmehr ist Heinz auf falsche Freunde hereingefallen. **Olivos** sind nämlich Olivenbäume und **bananos** Bananenstauden. Die eingelegten Oliven zum Essen heißen **aceitunas** und die Bananen **plátanos** in Spanien und **bananas** in Lateinamerika.

10 Clase de zoología

Las siguientes palabras se refieren a animales que todos se pueden ver en el zoo, excepto uno.
¿Cuál es?

pingüinos	camellos	leones
gorilas	tortugas	leotardos
focas	lobos	rinocerontes
cocodrilos	pumas	tigres

En la clase de zoología
Maestro: – Jaimito, ¿puedes nombrar tres animales que viven en Africa?
Jaimito: – Bueno, un elefante, ... y dos leones.

11

Adivinanza

Juntas en un lugar
las dos andan a la par;
una anda doce leguas[1]
y la otra, una, no más.

¿De qué se trata?

[1] **legua** *f* Meile

10 Zoologiestunde

Die folgenden Wörter beziehen sich auf Tiere, die man alle im Zoo besichtigen kann, außer einem.
Welchem?

Pinguine	Kamele	Löwen
Gorillas	Schildkröten	Strumpfhosen
Seehunde	Wölfe	Nashörner
Krokodile	Pumas	Tiger

Im Zoologieunterricht:
Lehrer: Jaimito, kannst du drei Tiere nennen, die in Afrika leben?
Jaimito: Nun, ein Elefant ... und zwei Löwen.

▶ Lösung

Da hat sich doch tatsächlich ein Tippfehler eingeschlichen: **Leotardos** Strumpfhosen kann man vielleicht auch im Zoo bewundern, aber nicht hinter Gittern. Ein bisschen wilder sind wohl immer noch die **leopardos** Leoparden.

11 Rätsel

Zusammen an einem Platz
bewegen sich die beiden paarweise;
einer geht zwölf Meilen
und der andere eine, nicht mehr.

Um wen handelt es sich?

▶ Lösung

de las manecillas um die Uhrzeiger

12 Refranes falsos

En cada uno de los siguientes refranes se ha introducido un pequeño error. ¡Encuéntrelo usted!

1. Perro que calla no muerde.
2. La mejor almohada[1] es una cabeza tranquila.
3. Más vale tarde que siempre.
4. Una golondrina[2] no hace invierno.

[1] **almohada** *f* Kopfkissen
[2] **golondrina** *f* Schwalbe

13

Una vez y nunca más

Hay una cosa que cuando usted la necesita y no la tiene inmediatamente, ya no la necesita nunca más. ¿Qué es?

12 Falsche Sprichwörter

In den folgenden Sprichwörtern hat sich jeweils ein kleiner Fehler eingeschlichen.
Finden Sie ihn!

1. Ein Hund, der schweigt, beißt nicht.
2. Das beste Kissen ist ein ruhiger Kopf.
3. Besser spät als immer.
5. Eine Schwalbe macht keinen Winter.

► Lösung

1. **Perro que ladra no muerde.**
   Hunde, die bellen, beißen nicht.
2. **La mejor almohada es una conciencia tranquila.**
   Ein ruhiges Gewissen ist ein sanftes Ruhekissen.
3. **Más vale tarde que nunca.**
   Lieber spät als nie.
4. **Una golondrina no hace verano.**
   Eine Schwalbe macht noch keinen Sommer.

13 Einmal und nie wieder

Es gibt etwas, das Sie nie wieder brauchen, wenn Sie es brauchen und nicht sofort haben. Was ist es?

► Lösung

el paracaídas der Fallschirm

14 Adivinanza

Soy blanco
soy tinto,
estoy en la buena mesa
y me subo en la cabeza.

¿Quién soy?

15 Adivinanza

Nombre de mujer,
nombre de color,
y es una flor.

¿Qué es?

16

¿En qué se diferencia ...

un elefante de una pulga[1]?

A propósito: ¿Puede indicar cuál es la forma femenina de elefante y la masculina de pulga?

[1] **pulga** *f* Floh

14 Rätsel

Ich bin weiß,
ich bin rot,
ich stehe auf einem gutgedeckten Tisch
und steige zu Kopf.

Wer bin ich?

▶ Lösung

el vino der Wein

15 Rätsel

Name einer Frau,
Name einer Farbe,
und es ist eine Blume.

Was ist es?

▶ Lösung

la rosa die Rose

16 Wodurch unterscheidet sich ...

ein Elefant von einem Floh?

Übrigens: Können Sie die weibliche Form für Elefant und die männliche für Floh nennen?

▶ Lösung

Ein Elefant kann Flöhe haben, aber der Floh kann keine ... nein, nein.

el elefante hembra die Elefantenkuh
el pulgón das Flohmännchen

17 Para mejor claridad

En esta sopa de letras están escondidas ocho palabras relacionados con *claro*.
¡Busque de la izquierda a la derecha, de abajo a arriba y de arriba a abajo!

M	A	E	N	T	L	U	M	T	A
R	E	S	L	A	R	O	N	R	E
A	T	C	L	N	U	L	I	A	S
B	N	L	U	A	L	M	O	S	P
T	A	A	M	B	U	I	R	P	E
P	L	R	I	I	M	T	E	A	M
U	L	E	N	E	I	M	C	R	O
D	I	C	O	R	N	A	N	E	T
C	R	I	S	T	A	L	I	N	O
A	B	D	O	O	D	P	S	T	A
M	A	O	R	I	O	R	I	T	E

18 Sueño dulce

Nada sabe mejor en la temporada calurosa que una sangría fría. Y no es nada difícil de prepararla, como lo muestra la receta siguiente:
Mezclar 1 litro de vino tinto con 1/3 litro de gaseosa y 2 copitas de jerez o coñac. Echar el zumo de 2 limones, 2 melocotones cortados en trocitos, una canela en rama y finalmente el azúcar a gusto. Servir fría. ¡Salud!
La sangría es buena para la salud: hasta los doctores la recomendaban – sin embargo, no la bebida.
¿Qué más significa *sangría*?

17 Für mehr Durchblick

In dieser Buchstabensuppe sind acht Wörter versteckt, die mit ***claro*** durchscheinend, hell, klar, offenherzig zu tun haben. Suchen Sie von links nach rechts, von unten nach oben und von oben nach unten!

▶ Lösung

M	A	**E**	N	T	L	L	M	**T**	A
R	**E**	**S**	L	A	R	Z	N	**R**	E
A	**T**	**C**	**L**	N	U	L	I	**A**	S
B	**N**	**L**	**U**	**A**	**L**	M	**O**	**S**	P
T	**A**	**A**	**M**	**B**	**U**	I	**R**	**P**	E
P	**L**	**R**	**I**	**I**	**M**	T	**E**	**A**	M
U	**L**	**E**	**N**	**E**	**I**	M	**C**	**R**	O
D	**I**	**C**	**O**	**R**	**N**	A	**N**	**E**	T
C	**R**	**I**	**S**	**T**	**A**	**L**	**I**	**N**	**O**
A	**B**	**D**	**O**	**O**	**D**	P	**S**	**T**	A
M	A	**O**	R	I	**O**	R	I	**E**	T

brillante	leuchtend
esclarecido	aufgehellt
luminoso	hell
abierto	offen
luminado	erleuchtet
sincero	ehrlich
trasparente	durchsichtig
cristalino	kristallklar

18 Süßer Traum

Nichts schmeckt während der heißen Jahreszeit besser als eine kühle Sangria. Und sie ist gar nicht schwer zuzubereiten, wie das folgende Rezept zeigt:
1 Liter Rotwein mit 1/3 Liter Mineralwasser und 2 Gläschen Sherry oder Kognak mischen. Den Saft von 2 Zitronen, 2 in Würfel geschnittene Pfirsiche, 1 Zimtstange und schließlich Zucker nach Geschmack hinzufügen. Kühl servieren. Prost!
Die Sangria ist gut für die Gesundheit: Sogar die Ärzte empfahlen sie einst – allerdings nicht das Getränk.
Was heißt ***sangría*** noch?

▶ Lösung

Sangría heißt noch Aderlass und Schröpfung.

19 Baile de las vocales

Aquí hay una confusión de vocales. Si usted reemplaza cada vocal por otra correcta, de ello resulta una estrofa de un poema del famoso poeta chileno Pablo Neruda.

Ude e le pepe ____________________
Pepe ti llemes ____________________
pepe y nu petete, ____________________
nu necaste cun berbe, ____________________
nu iris cestillene; ____________________
iris uscore ____________________
cumu noistre pail; ____________________
sumus emiracenus ____________________
pepes sumus andaus. ____________________

20

Fuera la coleta

Los toreros suelen llevar coleta[1] – algunos de ellos llevan coletas propias y otros postizas[2]. Hace poco conversaban dos hombres – un marinero y un zapatero – y ambos decían que se habían cortado las coletas. ¿Llevan coleta en España también los marineros y los zapateros?

[1] **coleta** *f* Haarzopf, Zopf der Stierkämpfer
[2] **postizo, -a** unecht, falsch

19 Tanz der Vokale

Hier sind die Vokale etwas durcheinander geraten. Wenn Sie jeden Vokal durch einen richtigen ersetzen, ergibt sich eine Strophe aus einem Gedicht des berühmten chilenischen Poeten Pablo Neruda.

Oda a la papa	Ode an die Kartoffel
Papa te llamas	Du heißt **papa**,
papa y no patata,	**papa** und nicht **patata**,
no naciste con barba,	du wurdest nicht mit einem Bart geboren,
no eres castellana;	du bist nicht spanisch;
eres oscura	du bist dunkel
como nuestra piel;	wie unsere Haut;
somos americanos	wir sind Amerikaner,
papas somos indios.	**papas**, wir sind Indios.

Die Kartoffel: In Spanien heißt sie **patata,** in Lateinamerika **papa**. Sie war ursprünglich eine Feldfrucht der Inkas. Das Wort **papa** stammt daher aus dem Quechua. Die Spanier prägten das Wort **patata**, weil sie die Knolle für eine Batate (Süßkartoffel) hielten.

20 Zopf ab

Stierkämpfer tragen einen Zopf – manche einen echten, manche einen falschen. Kürzlich unterhielten sich zwei Männer – ein Seemann und ein Schuster – und beide behaupteten, sie hätten sich die Zöpfe abgeschnitten. Tragen in Spanien auch die Seeleute und Schuster einen Zopf?

▶ Lösung

Nein. Seemann und Schuster haben sich keineswegs ihrer Haartracht beraubt, sondern lediglich ihren Beruf aufgegeben, denn **cortarse la coleta** *(wörtl.:* sich den Zopf abschneiden) bedeutet: seinen Beruf an den Nagel hängen. Die Redewendung hat natürlich einen realen Hintergrund, denn wenn die Toreros in Pension gehen, heißt es wirklich: Zopf ab.

21 Dos veces lo mismo

En cada uno de los siguientes modismos falta la misma palabra dos veces. ¿La puede completar?

1. Quien ________ lo quiere ________ lo puede
2. ________ a ________ se llena la bota[1].
3. Quien ________ anda, ________ acaba.

[1] **bota** *f* Weinfaß

22 Lo que el viento se llevó

¡Busque usted en cada línea horizontal palabras españolas relacionadas con el tiempo!

1. L N U B E S H V A
2. B L L U V I A T C
3. N I E V E A T L A
4. A C O P O S Y T L
5. D B H I E L O Y O
6. F R I O Y T O F R
7. T O I V I E N T O

23 El calendario

Algunos meses tienen 30 días y otros 31.
¿Cuántos tienen 28 días?

21 Zweimal das gleiche

In jeder der folgenden Redewendungen fehlt dasselbe Wort zweimal. Können Sie es ergänzen?

1. Wer alles will, kann alles.
2. Tropfen um Tropfen füllt sich das Fass.
3. Wer schlecht geht, endet schlecht.

▶ Lösung

1. **Quien todo lo quiere, todo lo puede.**
   Wo ein Wille ist, ist auch ein Weg.
2. **Gota a gota se llena la bota.**
   Steter Tropfen höhlt den Stein.
3. **Quien mal anda, mal acaba.**
   Wer schlimme Wege geht, nimmt ein schlimmes Ende.

22 Vom Winde verweht

Suchen Sie in jeder waagerechten Zeile spanische Wörter, die sich aufs Wetter beziehen!

▶ Lösung

1.	L	**N**	**U**	**B**	**E**	S	H	V	A	Wolke
2.	B	**L**	**L**	**U**	**V**	**I**	**A**	T	C	Regen
3.	**N**	**I**	**E**	**V**	**E**	A	T	L	A	Schnee
4.	A	**C**	**O**	**P**	**O**	**S**	Y	T	L	Schneeflocken
5.	D	B	**H**	**I**	**E**	**L**	**O**	Y	O	Eis
6.	**F**	**R**	**I**	**O**	Y	T	O	F	R	Kälte
7.	T	O	I	**V**	**I**	**E**	**N**	**T**	**O**	Wind

23 Der Kalender

Manche Monate haben 30 Tage und andere 31.
Wie viele haben 28 Tage?

▶ Lösung

Alle

24 Modismos numerosos

¡Coloque los números correctos en los siguientes modismos!

1. ________ vez al año no hace daño.

2. Vivir como ________ en un zapato.

3. Quedarse a ________ del mes.

4. Cantarle a uno las ____________.

25

¡Ojito, ojito!

¿Qué significa ...?

1. ¡ojo!
2. ojo por ojo
3. no he pegado un ojo
4. cuesta un ojo de la cara
5. en un abrir y cerrar de ojos
6. ¡ten los ojos bien abiertos!

24 Zahlreiche Redewendungen

Setzen Sie die richtigen Zahlen in die folgenden Redewendungen!

1. Einmal im Jahr tut nicht weh.
2. Leben wie drei in einem Schuh.
3. Am Dreizehnten des Monats bleiben.
4. Jemandem die Vierzig singen.

▶ Lösung

1. Una vez al año no hace daño.	Einmal ist keinmal.
2. Vivir como tres en un zapato.	Sehr beengt leben.
3. Quedarse a trece del mes.	Ohne einen Pfennig sein.
4. Cantarle a uno las cuarenta.	Jemandem die Leviten lesen.

25 Augen auf!

Was heißt ...?

▶ Lösung

1. Vorsicht! / Aufgepasst!
2. Auge um Auge
3. Ich habe kein Auge zugetan *(wörtl.:* zugeklebt)
4. Das kostet ein Vermögen *(wörtl.:* ein Auge aus dem Gesicht)
5. Im Handumdrehen *(wörtl.:* in einem Öffnen und Schließen der Augen)
6. Halt die Augen gut offen!

26

cuba[1] ostra[2] amapola[3] loco loro

¡Exagere un poco!

¡Complete usted las siguientes comparaciones con las palabras que figuran en la casilla!

1. ponerse[4] como una ________________
2. beber como una ________________
3. aburrirse como una ________________
4. hablar como un ________________
5. conducir como un ________________

[1] **cuba** *f* Eimer
[2] **ostra** *f* Auster
[3] **amapola** *f* Klatschmohn
[4] **ponerse** hier: anlaufen

27

Un balet furtivo

¿En qué se parece un ladrón a una bailarina clásica?

26

Eimer	Verrückter	Auster	Papagei	Klatschmohn

Übertreiben Sie ein bisschen!

Ergänzen Sie die folgenden Vergleiche mit den Wörtern, die im Kasten stehen!

1. Anlaufen wie ein Klatschmohn
2. Trinken wie ein Eimer
3. Sich langweilen wie eine Auster
4. Reden wie ein Papagei
5. Fahren wie ein Verrückter

▶ Lösung

1. **ponerse como una amapola**	Puterrot anlaufen
2. **beber como una cuba**	Saufen wie ein Fass
3. **aburrirse como una ostra**	Sich zu Tode langweilen
4. **hablar como un loro**	Reden wie ein Wasserfall
5. **conducir como un loco**	Fahren wie ein Verrückter

27 Ein verstohlenes Ballett

Was haben ein Dieb und eine Ballettänzerin gemeinsam?

▶ Lösung

Ambos van de puntillas.
Beide gehen auf Zehenspitzen.

Ir de puntillas heißt „auf Zehenspitzen gehen" und auch „ganz leise gehen", womit die Kunst dieser beiden Berufe auf den Punkt gebracht wird.

28 La escalera mágica

Miguel se pasa el rato paseando bajo la luna llena. De repente encuentra un pato. ¿Qué camino ha tomado?

Vaya de la luna al pato escribiendo una palabra por escalón. Cada palabra deberá tener exactamente una letra diferente a la anterior.

LUNA

____

____

____

____

PATO

29 Así es la vida

¿Conoce usted el significado de los siguientes modismos que tratan de la vida?

1. darse buena vida
2. jugarse la vida
3. ganarse la vida
4. escapar con vida
5. tener la vida perra
6. tener la vida padre

28 Die Zauberleiter

Miguel vertreibt sich die Zeit, indem er bei Vollmond spazieren geht. Unverhofft trifft er auf eine Ente. Welchen Weg hat er genommen?

Gehen Sie vom Mond zur Ente, und schreiben Sie dabei je ein Wort pro Leitersprosse. Jedes Wort muss sich genau durch einen Buchstaben von dem vorhergehenden Wort unterscheiden.

► Lösung

LUNA	Mond
LANA	Wolle
RANA	Frosch
RATA	Ratte
RATO	Weile
PATO	Ente

29 So ist das Leben

Kennen Sie die Bedeutung folgender Redewendungen, in denen es ums Leben geht?

► Lösung

1. **darse buena vida**	Es sich gut gehen lassen
2. **jugarse la vida**	Sein Leben aufs Spiel setzen
3. **ganarse la vida**	Sich den Lebensunterhalt verdienen
4. **escapar con vida**	Mit heiler Haut davonkommen
5. **tener la vida perra**	Ein Hundeleben führen
6. **tener la vida padre**	Sich ein schönes Leben machen

30

El automóvil

¡Indique en el dibujo las partes más importantes de un coche!

¿Sabe cómo se llama un coche antiguo?

31

Conexiones lógicas

¡Conecte[1] usted la columna de palabras de la derecha con la izquierda de tal forma que de ello resulte una frase con sentido!

1. Tomo
2. Forme usted parte
3. Estamos sentados
4. Vamos a la
5. Me resulta

a) del grupo
b) opera
c) café
d) difícil decir no
e) a la mesa

[1] **conectar** verbinden

30 Das Automobil

Tragen Sie die wichtigsten Teile des Autos in die Zeichnung ein!

Rad	**rueda**
Kennzeichen	**matrícula**
Scheinwerfer	**faro**
Kotflügel	**guardabarros**
Stoßstange	**parachoques**
Kühler	**radiador**
Motorhaube	**capó**
Windschutzscheibe	**parabrisas**
Rückspiegel	**retrovisor**

Wissen Sie, wie ein altes Auto heißt?

▶ Lösung

coche veterano Oldtimer

31 Logische Verbindungen

Verbinden Sie die rechte und die linke Wortspalte so, dass ein sinnvoller Satz dabei herauskommt!

1. Ich nehme	**a)** der Gruppe
2. Bilden Sie einen Teil	**b)** Oper
3. Wir sitzen	**c)** Kaffee
4. Wir gehen in die	**d)** schwer, nein zu sagen
5. Es fällt mir	**e)** am Tisch

▶ Lösung

1. c) 2. a) 3. e) 4. b) 5. d)

32 Sombrillas[1] locas

La cigüeña lleva cuatro sombrillas. El águila lleva dos. El pelícano lleva una y la paloma ninguna. ¿Cuántas sombrillas lleva una señorita? ¿Y para qué se necesitan todas estas sombrillas locas?

[1] **sombrilla** *f* Sonnenschirm

33

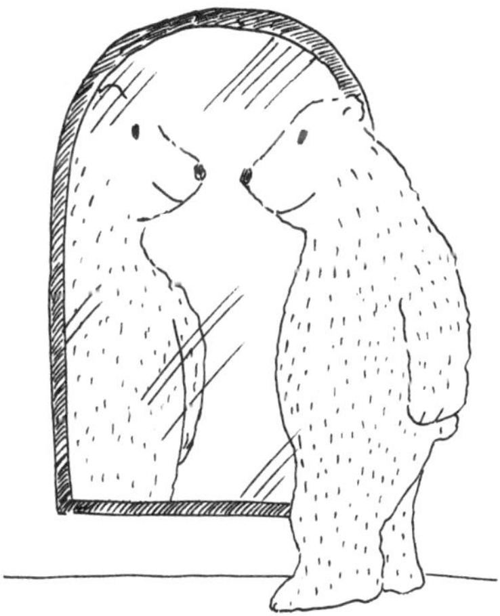

Palíndromos

Los palíndromos son palabras o frases que se leen igual de izquierda a derecha como de derecha a izquierda.
Por ejemplo: oso, solos.

¡Traduzca las siguientes frases haciendo palíndromos!

1. Anita wäscht die Badewanne[1]. ____________________

2. Anna wäscht Wolle. ____________________

[1] Badewanne **tina** *f*

32 Verrückte Sonnenschirme

Der Storch trägt vier Sonnenschirme. Der Adler trägt zwei. Der Pelikan trägt einen und die Taube keinen. Wie viele Sonnenschirme trägt ein Fräulein? Und wozu braucht man alle diese verrückten Sonnenschirme?

▶ Lösung

Die **Señorita** trägt zwei Sonnenschirme.

! Sonnenschirme **sombrillas** heißen hier die Zeichen, die über einem Buchstaben stehen, zum Beispiel die Tilde über dem **n**, die Akzente, der Punkt auf dem **i** und das Trema über dem **u**.

33 Palindrome

Palindrome sind Wörter oder Sätze, die von links nach rechts und von rechts nach links gelesen gleich lauten. Zum Beispiel: **oso** (Bär), **solos** (allein, *pl*).
Übersetzen Sie die folgenden Sätze und bilden Sie dabei Palindrome!

▶ Lösung

1. **Anita lava la tina.**
2. **Ana lava lana.**

34

Trabalenguas

Un tigre, dos tigres,
tres tristes tigres
comen trigo[1] en un trigal[2].

[1] **trigo** *m* Weizen
[2] **trigal** *m* Weizenfeld

35 A dúo

Rara vez uno de ellos viene solo. Y si viene solo, el otro no está lejos. ¡Encuéntrelo!

1. Cuando buscaba al portero le mandaron de Herodes a ____________.
2. ¿Conoces el cuento de La Blancanieves y los ____________ ____________?
3. Romeo y ____________ es la pareja de amor clásica.
4. Entretanto lo saben fulano y ____________ que somos casados.
5. Don Quijote de la Mancha y ____________ su buen escudero[1], lucharon contra los molinos de viento.

[1] **escudero** *m* Knappe

34 Zungenbrecher

Ein Tiger, zwei Tiger,
drei traurige Tiger
fressen Weizen in einem Weizenfeld.

Mit der Aussprache des spanischen **T** verraten sich auch gut Spanisch sprechende Deutsche als Ausländer. Im Gegensatz zum Deutschen wird das **T** nicht angehaucht. Also: bei jedem spanischen **T** kurz den Atem anhalten!

35 Im Duett

Selten kommt einer von ihnen allein. Und wenn, dann ist der andere nicht weit. Finden Sie ihn!

1. Als er den Portier suchte, schickten sie ihn von Pontius zu ___.
2. Kennst du das Märchen vom Schneewittchen und den ___?
3. Romeo und ___ sind das klassische Liebespaar.
4. Hinz und ___ wissen mittlerweile, dass wir verheiratet sind.
5. Don Quijote und ___, sein guter Knappe, kämpften gegen die Windmühlen.

► **Lösung**

1. **de Herodes a <u>Pilatos</u>**	von Pontius zu Pilatus
2. **La Blancanieves y los <u>siete enanitos</u>**	Schneewittchen und die sieben Zwerge
3. **Romeo y <u>Julieta</u>**	Romeo und Julia
4. **fulano y <u>zutano</u>**	Hinz und Kunz
5. **Don Quijote y <u>Sancho Panza</u>**	Don Quijote und Sancho Pansa

36 Crucigrama con números

¡Escriba los siguientes números y póngalos en las casillas que están al lado! Esto dará como resultado una palabra que se leerá de arriba hacia abajo y que expresa nuestra alegría sobre su conocimiento de números.
¿Qué palabra es?

21
50
18
90
30
70
40
200
80
14

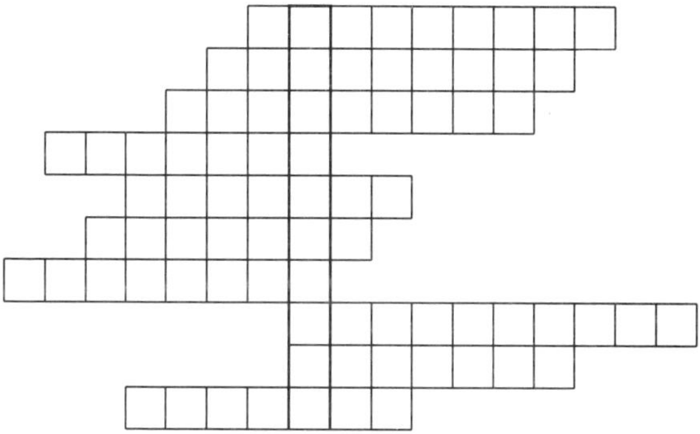

37 ¿Periódico o televisor?

Cada año aumenta el número de los adictos[1] a la televisión. En España se le ha dado a esta manía un nombre determinado: televisionitis.
Sin embargo, el televisor no va a poder nunca reemplazar[2] al periódico. ¿Sabe por qué?

[1] **adicto, -a** ergeben, hörig
[2] **reemplazar** ersetzen

36 Zahlenrätsel

Schreiben Sie die folgenden Zahlen aus und tragen Sie sie in die nebenstehenden Kästchen ein! Von oben nach unten gelesen ergeben diese ein Wort, das unsere Freude über Ihre Zahlenkenntnis ausdrückt.
Welches?

► Lösung

						V	E	I	N	T	I	U	N	O		
					C	I	N	C	U	E	N	T	A			
				D	I	E	C	I	O	C	H	O				
	N	O	V	E	N	T	A									
			T	R	E	I	N	T	A							
		S	E	T	E	N	T	A								
C	U	A	R	E	N	T	A									
							D	O	S	C	I	E	N	T	O	S
							O	C	H	E	N	T	A			
			C	A	T	O	R	C	E							

Lösungswort: **encantador** entzückend, bezaubernd

37 Zeitung oder Fernseher?

Die Zahl der Fernsehsüchtigen nimmt jährlich zu. In Spanien hat diese Sucht eine eigene Bezeichnung bekommen: **televisionitis.**
Trotzdem wird der Fernseher niemals die Zeitung ersetzen können. Wissen Sie warum?

► Lösung

Weil man in den Fernseher nichts einpacken kann.

38 Adivinanza

Una mula me lleva a cuestas[1],
metida en un baúl[2] estoy;
yo no la tengo jamás,
pero siempre la tienes tú.

¿Qué es?

[1] **llevar a cuestas** auf dem Rücken tragen
[2] **baúl** *m* Truhe

39 Trabalengua

En Pinto, Juan Pinto
construye un puente
de punta a punta,
y pinta el puente
al punto en Pinto.

40 Adivinanza en figura

¿Qué es esto?

38 Rätsel

Ein Maulesel trägt mich auf dem Rücken,
in einer Truhe stecke ich drin;
ich habe es nie,
aber du hast es immer.

Was ist es?

► **Lösung**

Der Buchstabe **U**

39 Zungenbrecher

In Pinto baut Juan Pinto
eine Brücke
von einem Ende zum anderen,
und er malt die Brücke
auf der Stelle in Pinto.

! Und wieder heißt es, den Atem anzuhalten, denn wie das **T**, wird auch das **P** im Spanischen nicht angehaucht. Ganz im Gegensatz zum Deutschen, wo immer ein **H** mitzuschwingen scheint. Und was die Vokale betrifft: Stehen **i** und **u** neben anderen Vokalen, sind sie immer unbetont.

40 Bilderrätsel

Was ist das?

► **Lösung**

Un hombre sin cero
Ein Mann ohne Null

Das gibt natürlich keinen Sinn. Erst wenn Sie es laut lesen, kommt **un hombre sincero**, ein aufrichtiger Mann, heraus.

41 Parejas de palabras

¿Sabe usted lo que significan las expresiones escritas en cursiva?

1. De repente, *sin ton ni son*, se fue de casa.
2. Aquel día les prepararon una comida *corriente y moliente*.
3. *Revuelve Roma con Santiago* para encontrarla.
4. Cuando se trasladaron a Madrid se fueron *de Guatemala a Guatepeor*.

42 Footing mental

¡Busque una planta que contenga todas las vocales del abecedario español! Para su ayuda: su savia[1] contiene un aceite etéreo muy oloroso.

____

[1] **savia** *f* Saft

43

Caballos de vapor

¿En qué se parece un coche a un caballo?

41 Wortpaare

Wissen Sie, was die *kursiv* gedruckten Ausdrücke bedeuten?

▶ Lösung

1. **De repente, *sin ton ni son,* se fue de casa.**
   Plötzlich, *ohne den geringsten Grund*, verließ er das Haus.
2. **Aquel día les prepararon una comida *corriente y moliente.***
   An jenem Tag bereiteten sie ihnen eine *ganz alltägliche* Mahlzeit zu.
3. ***Revuelve Roma con Santiago* para encontrarla.**
   Er setzt Himmel und Erde in Bewegung, um sie zu finden.
4. **Cuando se trasladaron a Madrid se fueron *de Guatemala a Guatepeor.***
   Als sie nach Madrid zogen, kamen sie *vom Regen in die Traufe.*

42 Gehirnjogging

Suchen Sie eine Pflanze, die alle Vokale des spanischen Alphabets enthält! Zu Ihrer Hilfe: Ihr Saft enthält ein stark duftendes ätherisches Öl.

▶ Lösung

eucalipto Eukalyptus

43 Pferdestärken

Was haben ein Auto und ein Pferd gemeinsam?

▶ Lösung

Beide haben **frenos**.
Beim Auto sind **frenos** die Bremsen, beim Pferd bezeichnen sie die Zügel.

44 Un canguro

En España – igual que en Alemania – dicen que las cigüeñas traen a los bebés. Pero mientras no se sabe de dondé son traídos los bebés alemanes, no hay la menor duda en cuanto a los españoles: ¡según la opinión de los españoles las cigüeñas los traen de París!

Y ahora una pregunta para su gimnasia cerebral:

Hay un edificio de cuatro pisos.
En el primer piso vive una soltera.
En el segundo una viuda.
En el tercer piso una casada.
Y en el cuarto una divorciada.

¿En qué piso deja la cigüeña al bebé y por qué?

45 Disarmonía

¡Ponga en tono los siguientes instrumentos colocando las sílabas en el orden correcto!

1. rra-ta-gui ______________________

2. ta-flau ______________________

3. bor-tam ______________________

4. ta-cas-las-ñue ______________________

5. ta-pe-trom ______________________

44 Ein Babysitter

In Spanien – wie übrigens auch in Deutschland – heißt es, dass die Störche die Babys bringen. Aber während man nicht weiß, woher die deutschen Babys gebracht werden, gibt es keinerlei Zweifel, was die spanischen betrifft: Nach Meinung der Spanier bringen die Störche sie aus Paris!

Dazu eine Denksportaufgabe:

Ein Gebäude hat vier Stockwerke.
Im ersten Stockwerk lebt eine alleinstehende Frau.
Im zweiten eine Witwe.
Im dritten Stockwerk eine verheiratete Frau.
Und im vierten eine geschiedene Frau.

In welchem Stockwerk lässt der Storch das Baby und weshalb?

► Lösung

Jetzt sind Sie schon so alt und glauben noch immer, dass der Storch die Babys bringt!

! Erinnern Sie sich? Wenn das **u** nach einem stimmhaften **g** und vor einem **e** bzw. **i** ausgeprochen werden soll, wird es als **ü** geschrieben.

45 Disharmonie

Stimmen Sie die folgenden Instrumente, indem Sie die Silben in die richtige Reihenfolge bringen!

► Lösung

1.	**guitarra**	Gitarre
2.	**flauta**	Flöte
3.	**tambor**	Trommel
4.	**castañuelas**	Kastagnetten
5.	**trompeta**	Trompete

46 Adivinanza

No tengo más vida que un año,
y cuanto más tiempo va pasando,
aunque parezca mentira,
más pequeño me voy quedando.
Mi vida es limitada,
mis días están contados ...

¿Quién soy?

47 Turrón

El turrón pertenece a la época navideña[1] española como el pan de especias[2] a la alemana. Si usted desea comer turrón en la Navidad debe prepararlo a tiempo, ya que necesita secarse una semana.
Ingredientes: 200 gr. de miel espesa y clara, 4 claras de huevo, 500 gr. almendras tostadas, 1 kilo de azúcar y obleas.
Se pican[3] las almendras. Luego se calienta la miel y se le agrega[4] el azúcar. Se tiene que remover[5] hasta que empiece a hervir. Ahora agrégele las almendras picadas y las cuatro claras de huevo. Mézclelo todo muy bien con una cuchara de palo[6]. Ponga en una bandeja[7] un papel antiadherente[8], coloque encima una capa de obleas, ponga la masa del turrón y cúbrala con la segunda capa de oblea. Deje secar el turrón una semana.
Así como el pan de especias proviene de Nuremberg, el turrón proviene de ...

1. Turín **2.** Jijona **3.** Torremolinos

[1] **navideño, -a**	weihnachtlich	[5] **remover**	rühren
[2] **pan** *m* **de especias**	Lebkuchen	[6] **cuchara** *f* **de palo**	Holzlöffel
[3] **picar**	hier: klein hacken	[7] **bandeja** *f*	Tablett
[4] **agregar**	hinzufügen	[8] **papel** *m* **antiadherente**	Fettpapier

46 Rätsel

Mein Leben dauert nur ein Jahr,
und – kaum zu glauben –
je mehr Zeit vergeht,
umso kleiner werde ich.
Mein Leben ist begrenzt,
meine Tage sind gezählt ...

Wer bin ich?

▶ **Lösung**

el calendario der Kalender

47 Turron

Turron gehört zur spanischen Weihnachtszeit wie Lebkuchen zur deutschen. Wenn Sie an Weihnachten Turron essen möchten, sollten Sie ihn rechtzeitig zubereiten, da er eine Woche lang trocknen muß.
Zutaten: 200 g dickflüssiger, klarer Honig, 4 Eiklar,
500 g geröstete Mandeln, 1 kg Zucker und Oblaten.
Die Mandeln klein hacken. Dann den Honig erhitzen und den Zucker hinzufügen. So lange rühren, bis die Masse zu kochen beginnt. Jetzt die gehackten Mandeln und die vier Eiklar hinzufügen. Mit einem Holzlöffel gut verrühren. Ein Tablett mit Backpapier auslegen, eine Schicht Oblaten darauf legen, die Turronmasse verstreichen und mit einer zweiten Schicht Oblaten bedecken. Den Turron eine Woche lang trocknen lassen.
Und so wie die Lebkuchen aus Nürnberg stammen, so stammt der Turron aus ...

1. Turin **2.** Jijona **3.** Torremolinos

▶ **Lösung**

2. Jijona bei Alicante ist die Wiege des Turrons.

48 Sopa de letras

Aquí tiene los nombres de ocho ciudades españolas. ¿Estará entre ellas la ciudad de sus sueños? ¡Búsquela – horizontal, vertical y diagonalmente!

E	Y	V	D	A	Z	C	L	C
T	U	E	F	V	O	O	M	A
N	D	C	M	A	D	R	I	D
A	H	M	A	L	E	D	N	I
C	L	O	C	E	L	O	U	Z
I	G	I	N	N	O	B	J	K
L	P	U	E	C	T	A	F	S
A	R	Q	U	I	R	G	M	T
I	V	R	C	A	P	Y	N	B

49

Para pasar el rato

¿Qué hace una rata enfrente de una puerta cerrada?

48 Buchstabensuppe

Hier sind die Namen von acht spanischen Städten verborgen. Ob die Stadt Ihrer Träume darunter ist? Suchen Sie sie – senkrecht, waagerecht und diagonal!

▶ Lösung

E	Y	V	D	A	Z	**C**	L	**C**
T	U	E	F	**V**	**O**	**O**	M	**A**
N	D	C	**M**	**A**	**D**	**R**	**I**	**D**
A	H	M	**A**	**L**	**E**	**D**	N	**I**
C	L	O	**C**	**E**	**L**	**O**	U	**Z**
I	G	I	**N**	**N**	**O**	**B**	J	K
L	P	**U**	**E**	**C**	**T**	**A**	F	S
A	**R**	Q	**U**	**I**	R	G	M	T
I	V	R	**C**	**A**	P	Y	N	B

ALICANTE **IRUN**
CUENCA **VALENCIA**
TOLEDO **CORDOBA**
CADIZ **MADRID**

49 Zum Zeitvertreib

Was macht eine Ratte vor einer geschlossenen Tür?

▶ Lösung

Espera un rato.
Sie wartet eine Weile.

Ein beliebtes Wortspiel in spanischen Nagerkreisen, denn der Lösungssatz heißt natürlich auch: Sie wartet auf ein Rattenmännchen.

50 Proverbios

¡Complete los siguientes proverbios y modismos!

1. Al que madruga[1], Dios le ______________.
2. No por correr más ______________ se llega antes.
3. Quien espera, ______________.
4. Así matamos dos ______________ de un ______________.
5. Al pan, ______________, y al vino, ______________.

[1] **madrugar** früh aufstehen

51

Adivinanza

Nunca podrás alcanzarme
por más que corras tras de mí;
aunque quieras separarte,
siempre iré yo junto a ti.

¿Quién es este inalcanzable?

50 Sprichworte

Ergänzen Sie die folgenden Sprichwörter und Redensarten!

▶ **Lösung**

1. **Al que madruga, Dios le ayuda.**
   Morgenstund hat Gold im Mund. *(Wörtl.:* Dem Frühaufsteher hilft Gott.)
2. **No por correr más de prisa se llega antes.**
   Eile mit Weile. *(Wörtl.:* Nicht durch schnelleres Laufen kommt man früher ans Ziel.)
3. **Quien espera, desespera.**
   Hoffen und Harren macht manchen zum Narren. *(Wörtl.:* Wer wartet, verzweifelt.)
4. **Así matamos dos pájaros de un tiro.**
   So schlagen wir zwei Fliegen mit einer Klappe. *(Wörtl.:* So töten wir zwei Vögel mit einem Schuss.)
5. **Al pan, pan, y al vino, vino.**
   Die Dinge beim Namen nennen. *(Wörtl.:* Zum Brot Brot und zum Wein Wein [sagen]).

51 Rätsel

Niemals wirst du mich einholen,
auch wenn du noch so sehr hinter mir herläufst;
auch wenn du dich von mir trennen willst,
werde ich immer neben dir gehen.

Wer ist dieser Unerreichbare?

▶ **Lösung**

la sombra der Schatten

52 Adivinanza

Cruza el aire
la mar y la tierra
no tiene boca
y sabe hablar.

¿Qué es?

53 ¿Cansado de trabajar? ¿Pero por qué?

El año tiene 365 días de 24 horas, de las cuales 12 usted las pasa durmiendo lo que hace un total de 182 días.
Quedan 183 días, menos 52 domingos, quedan 131 días; menos 52 sábados queda un total de 79 días para el trabajo.
4 horas diarias come usted, suman 60 días, quedan 19 días.
Usted tiene 15 días de vacaciones, sólo le quedan 4 días para trabajar.
Aproximadamente 3 días está usted enfermo, le queda por lo tanto sólo un día para trabajar.
Pero éste es precisamente el "Día del Trabajo"(1 de mayo), en el que nadie trabaja. ¿De qué se siente entonces cansado?

A propósito, como usted no tiene por qué sentirse cansado, ¡puede escribir los siguientes números en letras!

365 ______________________________

24 ______________________________

131 ______________________________

19 ______________________________

52 Rätsel

Es durchquert die Luft,
das Meer und die Erde,
es hat keinen Mund
und kann doch reden.

Was ist das?

▶ Lösung

la carta der Brief

! Wussten Sie schon, dass das Wort **mar** (Meer) männlich und weiblich ist? **La mar** und **el mar** – beides ist richtig, aber die weibliche Form ist poetischer.

53 Müde vom Arbeiten? Weshalb eigentlich?

Das Jahr hat 365 Tage zu 24 Stunden, von denen Sie 12 verschlafen, was insgesamt 182 Tage ergibt.
Es bleiben 183 Tage übrig, weniger 52 Sonntage, bleiben noch 131 Tage, weniger 52 Samstage, bleiben insgesamt noch 79 Arbeitstage.
Vier Stunden am Tag essen Sie, das summiert sich auf 60 Tage; es bleiben noch 19 Tage. Sie habe 15 Urlaubstage, es bleiben Ihnen noch 4 Tage zum Arbeiten.
Ungefähr 3Tage sind Sie krank; es bleibt Ihnen also gerade ein Tag zum Arbeiten.
Aber das ist ausgerechnet der "Tag der Arbeit" (1. Mai), an dem niemand arbeitet. Wovon sind Sie eigentlich müde?

Übrigens: Da Sie keinen Grund haben, sich müde zu fühlen, können Sie die folgenden Zahlen ausschreiben!

▶ Lösung

365 **trescientos sesenta y cinco**
24 **veinticuatro**
131 **ciento treinta y uno**
19 **diecinueve**

54 No hay mejor espejo que el amigo viejo

Un galán enamorado
de las damas, muy querido,
que nunca habló la verdad,
ni en mentira le han cogido.

¿Qué es?

55 Trabalenguas

Ayer un premio propuso
a Rosa Rizo, Narciso,
si aprendía a hablar en ruso.
Y hoy, aunque un tanto confuso,
Rosa Rizo reza en ruso.

56 Palabra larga

¡Trate de formar con las 17 letras indicadas una palabra española en plural! La palabra señala objetos que se encuentran en cada hogar moderno.

T L E O R E M I C S O T E D S C O

____

54 Ein alter Freund ist der beste Spiegel

Einen in die Damen verliebten,
sehr beliebten Galan,
der nie die Wahrheit sagte,
haben sie auch nie beim Lügen erwischt.

Wer ist es?

▶ **Lösung**

el espejo der Spiegel

55 Zungenbrecher

Gestern einen Preis versprach
Narciso der Rosa Rizo,
wenn sie Russisch sprechen lernte.
Und heute, wenn auch ein bisschen konfus,
betet Rosa Rizo auf Russisch.

! **R** und **S** sind das A und O der spanischen Aussprache. Das **R** muß gerollt werden, während das **S** ein Mittelding aus **Sch** und deutschem **S** ist. Und damit nicht genug, es kommen noch das **Z** und – vor den Vokalen **e** und **i** – das **C** dazu. Sie werden gelispelt gesprochen. Gar nicht so einfach, aber Übung macht den Meister!

56 Langes Wort

Versuchen Sie, mit den angegebenen 17 Buchstaben ein spanisches Pluralwort zu bilden! Das Wort bezeichnet Dinge, die man in jedem modernen Haushalt vorfindet.

▶ **Lösung**

electrodomésticos elektrische Haushaltsgeräte

57

Un pez gordo

Peter se ha alegrado durante toda la semana de tener una cena en un restaurante noble. Finalmente ya está allí y le pregunta al camarero:
– ¿Tiene pez?
– Sí, claro, pero usted no puede comerlo – le responde el camarero.
¿Por qué?

a) ¿Apesta el pescado?
b) ¿Tiene demasiadas espinas?
c) ¿Tiene miedo el camarero que el pescado salte del plato?

58 Para que no se aburra

En estos tres refranes españoles se trata siempre del burro. ¡Busque los refranes equivalentes en alemán, que también tratan de animales, más bien de perros, cerdos y pájaros!

1. Más vale burro vivo que doctor muerto.
2. No se hizo la miel para la boca del asno.
3. Voces de asno no llegan al cielo.

57 Ein dicker Fisch

Peter hat sich die ganze Woche schon auf das Abendessen in einem Nobelrestaurant gefreut. Endlich ist es so weit!
„Haben Sie Fisch?" fragt er den Kellner.
„Ja schon, aber den können Sie nicht essen," antwortet dieser. Warum?

a) Stinkt der Fisch?
b) Hat er zu viele Gräten?
c) Hat der Kellner Angst, dass der Fisch vom Teller springt?

▶ Lösung

c) Der Fisch würde mit Sicherheit vom Teller springen. Denn **pez** – so Peters Bestellung – ist eben noch so munter wie ein Fisch im Wasser. Ist er in der Küche gelandet, spricht man von **un pescado** einem Fischgericht.

58 Damit Sie sich nicht langweilen

In diesen drei spanischen Sprichwörtern geht es immer um den Esel. Suchen Sie die entsprechenden deutschen Sprichwörter, die sich auch um Tiere drehen, allerdings eher um Hunde, Schweine und Vögel!

1. **Más vale burro vivo que doctor muerto.**
   Ein lebender Esel ist mehr wert als ein toter Arzt.
2. **No se hizo la miel para la boca del asno.**
   Den Honig hat man nicht für das Maul des Esels gemacht.
3. **Voces de asno no llegan al cielo.**
   Die Schreie des Esels gelangen nicht zum Himmel.

▶ Lösung

1. Der Spatz in der Hand ist mehr wert als die Taube auf dem Dach.
2. Man soll die Perlen nicht vor die Säue werfen.
3. Was kümmert's den Mond, wenn ihn die Hunde anbellen?

59 Paso de Rey

En el cuadrado de letras hay una frase oculta. Empezando por el ángulo inferior izquierdo y siguiendo los movimientos del rey en el ajedrez[1] – es decir de una letra a otra – puede usted descifrarla.

D	P	A	Ñ	E
O	E	S	A	S
N	I	E	U	M
L	V	O	A	Y
E	S	O	M	F

[1] **ajedrez** *m* Schach

60

Entre patos

¿Qué hace un pato con una pata?

59 Der König zieht

In dem Buchstabenquadrat verbirgt sich ein Satz. Wenn Sie in der unteren linken Ecke anfangen und wie der König im Schach ziehen – also von einem Buchstaben zum andern –, können Sie ihn entziffern.

▶ Lösung

El vino de España es muy famoso.
Spaniens Wein ist sehr berühmt.

60 Enten unter sich

Was macht ein Enterich mit einem Bein?

▶ Lösung

Cogea. Er hinkt.

Natürlich bedeutet der Satz auch: Was macht ein Enterich mit einer Ente? Na was wohl? **Patitos** Entenküken, natürlich.

pato *m* Ente, Erpel
pata *f* 1. Entenweibchen; 2. Bein, Fuß *(von Tieren)*

Im Spanischen enden weibliche Substantive in der Regel auf **-a**:

perro	Hund	**perra**	Hündin
gato	Kater	**gata**	Katze
hermano	Bruder	**hermana**	Schwester
español	Spanier	**española**	Spanierin

61 España contra Latinoamérica

Un español fanfarronea[1]: Tengo en la *chaqueta* tanto *dinero* que me podría comprar un *coche bonito* y un *billete* de avión para darme la vuelta al mundo.

¿Qué diría este fanfarrón[2] si hubiera nacido en Latinoamérica? ¡Atención con las palabras en cursiva[3]!

1. ______________

2. ______________

3. ______________

4. ______________

5. ______________

[1] **fanfarronear** prahlen
[2] **fanfarrón** *m* Prahlhans
[3] **en cursiva** kursivgedruckt

62 ¡Cuidadito!

En español hay muchas maneras de expresar sentimientos. Una de ellas es minimizando[1] las palabras. Los españoles no sólo usan diminutivos en sustantivos, sino también en adjetivos, adverbios y hasta en exclamaciones. ¡Escriba usted las palabras que están en cursiva en forma diminutiva!

1. ¡*Amor*, mañana nos vemos *temprano!* ______________

2. ¡Te quiero mucho, *corazón!* ______________

3. ¡*Cuidado!* ______________

4. ¡*Cielo!* ______________

5. El niño estaba *callado*. ______________

[1] **minimizar** verkleinern

61 Spanien wider Lateinamerika

Ein Spanier prahlt: Ich habe in meinem Sakko so viel Geld, dass ich mir ein schönes Auto und ein Flugticket für eine Weltreise kaufen könnte.

Was würde der gleiche Prahlhans sagen, wenn er in Südamerika geboren wäre? Achten Sie auf die *kursiv* gedruckten Wörter!

▶ Lösung

1.	**saco**	Sakko
2.	**plata**	Geld
3.	**carro**	Auto
4.	**lindo, -a**	hübsch
5.	**boleto**	(Fahr-/Eintritts-)Karte, Ticket

62 Aufgepaßt!

Es gibt im Spanischen viele Möglichkeiten, Gefühle zum Ausdruck zu bringen. Eine davon ist die Verkleinerung von Wörtern. So verwenden die Spanier nicht nur bei Substantiven Verkleinerungsformen, sondern auch bei Adjektiven, Adverbien und sogar Ausrufen. Schreiben Sie die *kursiv* gedruckten Wörter in der Verkleinerungsform!

1. Morgen sehen wir uns *früh*, mein *Liebling!*
2. Ich liebe dich sehr, mein *Herzblatt!*
3. *Aufgepasst!*
4. *Himmel!*
5. Das Kind war *still*.

▶ Lösung

1. **¡Amorcito, mañana nos vemos tempranito!**
2. **¡Te quiero mucho, corazoncito!**
3. **¡Cuidadito!**
4. **¡Cielito!**
5. **El niño estaba calladito.**

! Die Diminutivformen können auch verstärkend wirken. Deswegen: **¡Cuidadito!**

63

¿Esto le parece chino?

Ahora se hace internacional, mejor dicho: indio, chino, sueco y francés. ¿Puede usted completar las siguientes frases?

1. No te creo ni una palabra, no me vengas con cuentos ________.
2. Hace como que no me oye, se hace el ________.
3. Los niños iban uno tras otro en fila ________.
4. Lolita se fue en secreto, se despidió a la ________

64 Palabras truncadas

En el lenguaje hablado se usan muchas palabras truncadas[1]. Hay aquí algunos ejemplos. ¿Cómo se llaman las palabras completas?

1. la tele ________
2. la bici ________
3. la mili ________
4. el profe ________
5. la moto ________
6. el cine ________

[1] **truncar** abschneiden, stutzen

63 Kommt Ihnen das spanisch vor?

Jetzt wird es international, genauer gesagt: indianisch, chinesisch, schwedisch und französisch.
Können Sie die folgenden Sätze ergänzen?

1. Ich glaube dir kein Wort, komm mir nicht mit ___ Märchen.
2. Er tut so, als ob er mich nicht hört, er spielt den ___.
3. Die Kinder gingen hintereinander in ___ Reihe.
4. Lolita ging heimlich weg, sie empfahl sich auf ___.

▶ Lösung

1. **cuentos chinos**	Lügenmärchen (*wörtl.:* chinesische Märchen)
2. **se hace el sueco**	er stellt sich taub (*wörtl.:* er spielt den Schweden)
3. **en fila india**	im Gänsemarsch (*wörtl.:* in Indianerreihe)
4. **se despidió a la francesa**	sie empfahl sich auf Französisch (d.h. sie ging ohne sich zu verabschieden)

64 Wortkürzel

In der gesprochenen Sprache benutzt man viele Wortkürzel. Hier sind einige Beispiele. Wie heißen die vollständigen Wörter?

▶ Lösung

1. **la televisión**	das Fernsehen
2. **la bicicleta**	das Fahrrad
3. **el servicio militar**	der Militärdienst
4. **el profesor**	der Lehrer
5. **la motocicleta**	das Motorrad
6. **el cinema**	das Kino

65 ¡Vamos al grano del café!

¿Es usted aficionado al café? ¿Qué es ...

1. un *café cortado?*
a) café con poca leche
b) café con mucha leche

2. un *carajillo?*
a) café con coñac
b) café con caramelo

3. una *leche manchada?*
a) leche con chocolate
b) leche con un poco de café

4. ¿Conoce la expresión *de mal café?* Significa:
a) de mal humor
b) de café barrato

66 Frases sacudidas

¿Qué dicen las siguientes frases? ¡Póngalas en orden!

1. los entender difícil a catalanes es

____.

2. algunos explicar irregulares va el profesor a verbos

____

____.

3. hablar me español bastante cuesta el

____.

4. gusta y españolas canciones mucho me escuchar latinoamericanas

____

____.

65 Gehen wir dem Kaffee auf den Grund!

Sind Sie ein Kaffeeliebhaber? Was ist ...

1. ein **café cortado**?
   a) ein Kaffee mit einem Schuss Milch
   b) ein Kaffee mit viel Milch
2. ein **carajillo**?
   a) ein Kaffee mit Kognak
   b) ein Kaffee mit Karamelzucker
3. eine **leche manchada**?
   a) Milch mit Schokolade
   b) Milch mit einem Schuss Kaffee
4. Kennen Sie den Ausdruck **de mal café**? Er heißt:
   a) schlecht gelaunt
   b) aus billigem Kaffee

▶ Lösung

1. a) 2. a) 3. a) 4. b)

! Beachten Sie auch, dass **café con leche** nicht Kaffee mit Milch ist, sondern ein großer Milchkaffee.

66 Rüttelsätze

Was besagen die folgenden Sätze? Bringen Sie sie in Ordnung!

▶ Lösung

1. **Es difícil entender a los catalanes.**
   Es ist schwer, die Katalanen zu verstehen.
2. **El profesor va a explicar algunos verbos irregulares.**
   Der Lehrer wird ein paar unregelmäßige Verben erklären.
3. **Me cuesta bastante hablar el español.**
   Es fällt mir schwer, Spanisch zu sprechen.
4. **Me gusta mucho escuchar canciones españolas y latinoamericanas.**
   Ich höre mir sehr gern spanische und lateinamerikanische Lieder an.

67 Una vida larga ...

Cuando Dios creó a los animales les fue fijando la duración de su vida. Al burro le dio 12 años de vida, al perro 14 y al mono 15. Ninguno quería vivir más de 30 años. El Señor le preguntó finalmente al hombre, ¿quisieras vivir 30 años?

- Señor, ¿sólo 30 años? Mientras construyo mi casa se me irán de prisa.
- Te daré los 18 años que no quizo el burro, los 16 que sobran del perro y los 15 del mono. No pidas más que ya es bastante.

Por eso la vida del hombre suele durar unos 75 años. Durante los primeros 30 años vive como un rey. Luego tiene que trabajar como un ________. Los siguientes 16 años su cónyuge le trata como a un ________, y los últimos 15 años se comporta como un ________.

68

Animal de vocales

¡Encuentre el nombre de un animal que incluya todas las vocales del abecedario español! Con la ayuda del dibujo seguramente podrá solucionar la tarea.

____

67 Ein langes Leben ...

Als Gott die Tiere schuf, setzte er für ein jedes die Lebensdauer fest. Dem Esel gab er 12 Lebensjahre, dem Hund 14 und dem Affen 15. Keiner wollte länger als 30 Jahre leben. Der Herr fragte schließlich den Menschen:

- Möchtest du gern 30 Jahre leben?
- Herr, nur 30 Jahre? Bis ich mir mein Haus baue, werden sie mir im Nu vergangen sein.
- Ich werde dir die 18 Jahre geben, die der Esel nicht wollte, die 16 restlichen vom Hund und die 15 des Affen. Fordere nicht mehr, denn das reicht.

Deswegen dauert das Leben eines Menschen für gewöhnlich etwa 75 Jahre. Während der ersten 30 Jahre lebt er wie ein König. Danach muss er schuften wie ein ___. Die folgenden 16 Jahre behandelt ihn sein Ehepartner wie einen ___, und die letzten 15 Jahre benimmt er sich wie ein ___.

▶ Lösung

tiene que trabajar como un burro	er muß arbeiten wie ein Esel
su cónyuge le trata como a un perro	sein Ehepartner behandelt ihn wie einen Hund
se comporta como un mono	er benimmt sich wie ein Affe

68 Vokaltier

Finden Sie einen Tiernamen, der alle Vokale des spanischen Alphabets enthält! Mit Hilfe der Zeichnung werden Sie die Aufgabe sicher lösen.

▶ Lösung

murciélago Fledermaus

69 Estas sí que tienen curación

¿Qué partes del cuerpo están afectadas cuando el médico diagnostica las siguientes inflamaciones?

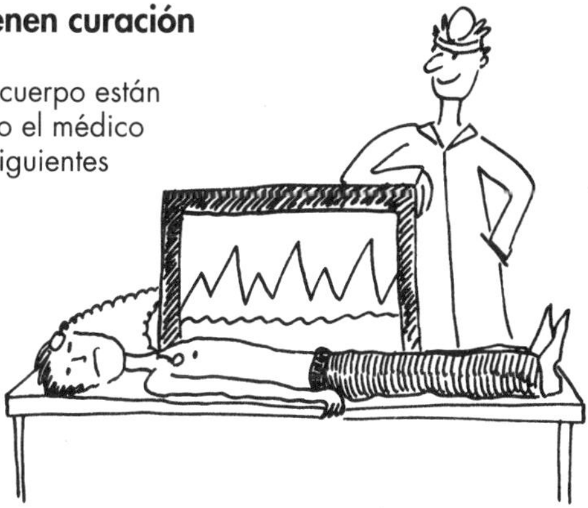

1. hepatitis ______________________
2. artritis ______________________
3. amigdalitis ______________________
4. apendicitis ______________________
5. cistitis ______________________

70 Todo para el gato

También el español tiene muchos modismos con *gato*. ¡Escoja el equivalente en alemán!

1. buscar tres pies al gato
2. jugar como el gato y el ratón
3. dar gato por liebre[1]
4. aquí hay gato encerrado
5. hasta los gatos quieren zapatos[2]

a) jemanden übers Ohr hauen
b) da ist etwas faul an der Sache
c) Katz und Maus spielen
d) selbst der Kleinste möchte hoch hinaus
e) einen Streit vom Zaun brechen

[1] **liebre *f*** Hase
[2] **zapato *m*** Schuh

69 Dagegen ist ein Kraut gewachsen

Welche Körperteile sind betroffen, wenn der Arzt die folgenden Entzündungen diagnostiziert?

1. Leberentzündung (Hepatitis)
2. Gelenkentzündung (Arthritis)
3. Mandelentzündung
4. Blinddarmentzündung
5. Blasenentzündung

▶ Lösung

1. el hígado	die Leber
2. las articulaciones	die Gelenke
3. las amigdalas	die Mandeln
4. el apéndice	der Blinddarm
5. la vejiga	die Blase

70 Alles für die Katz

Auch im Spanischen gibt es viele Redewendungen mit *Katze*. Wählen Sie die deutsche Entsprechung!

▶ Lösung

1. e) 2. c) 3. a) 4. b) 5. d)

71

¡Uy!

¿Cuándo usaría usted las siguientes exclamaciones?

1. ¡Zas!
   a) al abrir una cremallera[1]
   b) cuando se apaga[2] inesperadamente la luz
   c) al oír una noticia agradable

2. ¡Puñetas!
   a) al darse cuenta[3] que alguien le ha engañado[4]
   b) al encontrar inesperadamente una moneda en la calle
   c) al encontrarse con un amigo en la calle

[1] **cremallera** *f* Reißverschluß
[2] **apagarse** ausgehen (Licht)
[3] **darse cuenta** bemerken
[4] **engañar** betrügen

72 ¿Es Cuba libre?

La respuesta se tendría que dejar a los políticos. En este caso no se trata del país mismo, sino de la bebida alcohólica que es realmente muy apreciada en Latinoamérica. Puede usted también prepararla en casa si sabe qué contiene.
Cuba libre es ...

1. cola con pisco[1]
2. cola con tequila
3. cola con ron[2]

[1] **pisco** *m* Zuckerrohrschnaps
[2] **ron** *m* Rum

71 Nanu?!

Wann würden Sie die folgenden Ausrufe verwenden?

1. Zas!
a) beim Öffnen eines Reißverschlusses
b) wenn plötzlich das Licht ausgeht
c) wenn Sie eine erfreuliche Nachricht hören

2. Puñetas!
a) wenn Sie bemerken, dass Sie jemand betrogen hat
b) wenn Sie plötzlich eine Münze auf der Straße finden
c) wenn Sie einen Freund auf der Straße treffen

▶ Lösung

1. b) 2. a)

¡Zas! – etwa oho! oder he! – verwenden Sie, wenn Sie von etwas plötzlich überrascht werden; mit **¡puñetas!** – verdammt! – machen Sie Ihrem Ärger Luft.

72 Ist Kuba frei?

Die Antwort soll Politikern überlassen bleiben. Hier geht es nämlich nicht um das Land selbst, sondern um ein alkoholisches Getränk, das in Lateinamerika sehr beliebt ist. Sie können es auch zu Hause zubereiten, wenn Sie wissen, was drin ist. **Cuba libre** ist ...

1. Cola mit Pisco
2. Cola mit Tequila
3. Cola mit Rum

▶ Lösung

3. cola con ron Cola mit Rum

! Cola mit Pisco heißt im Übrigen **Perú libre** und Cola mit Tequila – wie sollte es anders sein – **México libre**.

73

Entre estudiantes

En la escuela se pueden escuchar expresiones raras.
¿Qué significan?

1. Me he hecho una *chuleta* para el examen.
2. A Miguel le han *dado calabazas*.
3. Juanito *se fuma* las clases hoy.

74 Levantado con el pie izquierdo

Hay días que mejor sería que nos quedáramos en cama …
¡Ordene las siguientes frases para que el texto tenga un sentido!

1. Se me cayó el jabón.
2. Me levanté de un salto.
3. Salí corriendo de casa y perdí el autobús.
4. Fui al cuarto de baño.
5. Me desperté muy tarde.
6. De pronto pisé en el jabón.
7. Me resbalé[1] y me caí.

[1] **resbalarse** ausrutschen

73 Schüler unter sich

In der Schule kann man seltsame Ausdrücke hören.
Was bedeuten sie?

1. Ich habe mir ein *Rippchen* für die Prüfung gemacht.
2. Miguel haben sie *Kürbisse gegeben*.
3. Juanito *raucht* heute den Unterricht.

▶ Lösung

1. chuleta	Spickzettel
2. le han dado calabazas	sie haben ihn durchfallen lassen
3. se fuma las clases	er schwänzt den Unterricht

74 Mit dem linken Fuß aufgestanden

Es gibt Tage, an denen wäre es besser, man bliebe im Bett …
Bringen Sie die folgenden Sätze in die richtige Reihenfolge, damit der Text einen Sinn ergibt!

1. Die Seife fiel mir runter.
2. Ich sprang aus dem Bett.
3. Ich lief aus dem Haus und verpaßte den Bus.
4. Ich ging ins Bad.
5. Ich wachte zu spät auf.
6. Plötzlich trat ich auf die Seife.
7. Ich rutschte aus und fiel hin.

▶ Lösung

5., 2., 4., 1., 6., 7., 3,:

Me desperté muy tarde.
Me levanté de un salto.
Fui al cuarto de baño.
Se me cayó el jabón.
De pronto pisé en el jabón.
Me resbalé y me caí.
Salí corriendo de casa y perdí el autobús.

75

Una cosa peluda

¿Puede completar los siguientes modismos con *pelo*?

1. Julia lo dice todo como es, no tiene pelos en la ________.
2. Todos le ________ el pelo al profesor en clase.
3. Al casarse con una cocinera volvió a ________ el pelo.

76 ¡Qué canelones!

En Latinoamérica se usan muchas palabras que significan otra cosa que en España.
¿Qué significan las dos expresiones latinoamericanas?

1. No tengo un mango.
   a) No tengo fruta en casa.
   b) No tengo ningún bolígrafo.
   c) No tengo dinero.
2. Allí va un cana[1].
   a) Allí va un policía.
   b) Allí va un viejo.
   c) Allí va un mendigo[2].

[1] **cana** *f* weißes Haar *(der umgangssprachliche Ausdruck ist aber männlich)*
[2] **mendigo** *m* Bettler

75 Eine haarige Sache

Können Sie die folgenden Redewendungen mit ***pelo*** ergänzen?

1. Julia sagt alles, wie es ist, sie hat keine Haare auf der Zunge.
2. Alle nehmen dem Lehrer im Unterricht die Haare.
3. Als er eine Köchin geheiratet hatte, glänzte sein Haar wieder.

▶ Lösung

1. no tiene pelos en la lengua	Sie nimmt sich kein Blatt vor den Mund.
2. le toman el pelo	Sie machen sich über ihn lustig.
3. volvió a relucirle el pelo	Er sah wieder wie das blühende Leben aus.

76 So ein Unsinn!

In Lateinamerika werden viele Wörter verwendet, die etwas anderes bedeuten als in Spanien.
Was bedeuten die beiden lateinamerikanischen Ausdrücke?

1. Ich habe keine Mango.
   a) Ich habe kein Obst im Haus.
   b) Ich habe keinen Kugelschreiber.
   c) Ich habe kein Geld.

2. Dort geht ein „Weißhaar".
   a) Dort geht ein Polizist.
   b) Dort geht ein Greis.
   c) Dort geht ein Bettler.

▶ Lösung

1. c) 2. a)

77 ¡Cuidado!

Bernd y Paco van por la orilla de la playa y conversan animadamente. Mientras Bernd se queja en voz alta de aquellos que ocupan la habitación contigua[1] en el hotel, Paco dice: "Cuidado, hay moros en la costa." Bernd mira hacia el mar y no puede ver nada.
¿Por qué?

a) Bernd es miope[2]
b) Los que ocupan la habitación contigua en el hotel están allí y le tapan[3] la vista al mar
c) Paco le señala en la dirección falsa

[1] **habitación** *f* **contigua** Nachbarzimmer
[2] **miope** kurzsichtig
[3] **tapar** verdecken, versperren

78

¡Atchís!

1. Si una persona estornuda[1] frente a usted ¿qué le dice?
2. ¿Si estornuda la segunda vez?
3. ¿Si estornuda la tercera vez?

[1] **estornudar** niesen

77 Vorsicht!

Bernd und Paco gehen am Strand spazieren und unterhalten sich angeregt. Als Bernd sich laut über die Hotelnachbarn beschwert, meint Paco: „Vorsicht, es sind Mauren an der Küste.“ Bernd sieht aufs Meer und kann nichts erkennen. Warum?

a) Bernd ist kurzsichtig
b) die Hotelnachbarn stehen da und versperren ihm den Blick aufs Meer
c) Paco zeigt in die falsche Richtung

▶ Lösung

b) kommt der Wahrheit am nächsten. **Hay moros en la costa** bedeutet: hier ist es nicht geheuer. Paco meint, daß die Hotelnachbarn in der Nähe sind und ihnen zuhören könnten. Die Redewendung geht auf das 16. und 17. Jahrhundert zurück, als muselmanische Piraten die Küstenorte am Mittelmeer unsicher machten. Das Wort **moros** Mauren ist natürlich nicht ganz treffend, doch werden in der spanischen Umgangssprache alle Moslems mit **moros** bezeichnet.

78 Hatschi!

1. Wenn eine Person vor Ihnen niest, was sagen Sie dann?
2. Wenn sie zum zweiten Mal niest?
3. Wenn sie zum dritten Mal niest?

▶ Lösung

1. In Spanien: **¡Jesús!** (In Lateinamerika: **Salud!**)
2. **¡José!**
3. **¡María!**

79

Felices con perdices[1]

"Y si no han muerto, pues entonces aún viven." Con esta frase terminan muchos de los cuentos alemanes. Los niños españoles conocen otras frases finales. ¿Puede usted entenderlas?

1. ... fueron felices, comieron perdices, a mí no me dieron, porque no quisieron.
2. ... esto es verdad y no miento, y como me lo contaron lo cuento.
3. ... fin colorín, colorado, este cuento se ha acabado.

[1] **perdiz** *f* Rebhuhn

80 Un hombre de letras

Helmut pregunta en la oficina de correos el precio del franqueo. El empleado de correos le explica que el envío de las cartas vale 80 pesetas y de las postales 60 pesetas.
– Y las letras, ¿cuánto cuestan? pregunta Helmut.
– ¡Eso es gratis! le contesta riéndose el empleado de correos.
¿Cree usted que ...

a) no hay franqueo para algunos envíos postales?
b) Helmut se ha confundido?
c) el empleado de correos tiene un buen día y desea regalarle los sellos a Helmut?

79 Glücklich mit Rebhühnern

„Und wenn sie nicht gestorben sind, dann leben sie noch heute." Mit diesem Satz enden viele deutsche Märchen. Die spanischen Kinder kennen andere Schlussworte. Können Sie sie verstehen?

1. **... fueron felices, comieron perdices, a mí no me dieron, porque no quisieron.**
   ... sie waren glücklich, aßen Rebhühner, mir gaben sie keine, weil sie nicht wollten.
2. **... esto es verdad y no miento, y como me lo contaron lo cuento.**
   ... das ist wahr, und ich lüge nicht, und wie man es mir erzählte, so erzähle ich es weiter.
3. **... fin colorín, colorado, este cuento se ha acabado.**
   ... buntes, farbenfrohes Ende, dieses Märchen ist aus.

80 Ein gelehrter Mann

Helmut fragt auf der Post nach den Portogebühren. Der Postbeamte erklärt ihm, daß der Versand von **cartas** 80 Peseten kosten und der von **postales** 60 Peseten.
„Und die **letras**, was kosten die?" fragt Helmut.
„Die gibt es umsonst!" lacht der Schalterbeamte.
Glauben Sie, dass ...

a) einige Postsendungen portofrei sind?
b) Helmut etwas durcheinander gebracht hat?
c) der Postbeamte einen guten Tag hat und Helmut die Briefmarken schenken möchte?

► **Lösung**

b) Helmut verwechselt Postkarte und Brief. Briefe sind **cartas** und Postkarten **postales. Letras** hingegen sind die Buchstaben.

! Ein **hombre de letras** ist kein Briefträger, sondern ein Geisteswissenschaftler. Der Briefträger heißt **cartero**.

81

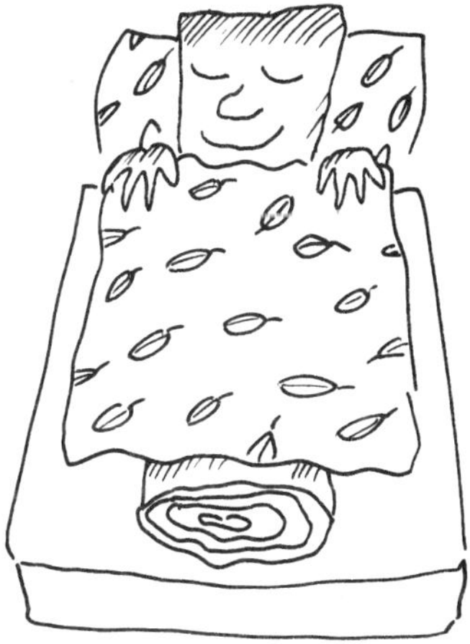

De dormilones y otros adormilados

Antes de que usted se nos duerma, ¡complete estas frases con las palabras necesarias!

1. Hay personas madrugadoras y otras ________________.
2. Juana duerme como una ________________.
3. Generalmente duermo como un ____________, pero anoche no pude ____________ un ojo.

82 Cuando el gallo le canta

Ojalá entienda usted más de los siguientes modismos que el gallo de poner huevos. ¿Qué significan?

1. en menos que cante un gallo
   a) antes de las 5.00 de la mañana
   b) en el instante
2. tener mucho gallo
   a) ser muy orgulloso
   b) ser muy agresivo
3. levantarle a uno el gallo
   a) tener mucho orgullo
   b) enfadar a alguien

81 Von Schlafmützen und anderen Schläfern

Bevor Sie uns einschlafen, ergänzen Sie die Sätze mit den passenden Wörtern!

1. Es gibt Frühaufsteher und Langschläfer.
2. Juana schläft wie ein Murmeltier.
3. Normalerweise schlafe ich wie ein Klotz, aber letzte Nacht konnte ich kein Auge zutun.

▶ Lösung

1. **personas dormilonas** (von **dormilón** Langschläfer)	Langschläfer *pl*
2. **dormir como una marmota**	schlafen wie ein Murmeltier
3. **dormir como un tronco**	wie ein Klotz *(wörtl.:* wie ein Baumstamm) schlafen
no pegar un ojo	kein Auge zutun *(wörtl.:* zukleben)

82 Wenn der Hahn kräht

Hoffentlich verstehen Sie von den folgenden Redewendungen mehr als der Hahn vom Eierlegen. Was bedeuten sie?

1. in weniger als ein Hahn kräht
   a) vor 5 Uhr morgens
   b) im Nu
2. viel Hahn haben
   a) sehr stolz sein
   b) sehr angriffslustig sein
3. jemandem den Hahn heben
   a) sehr stolz sein
   b) jemanden ärgern

▶ Lösung

1. b) 2. a) 3. b)

83

La bicicleta

¡Indique en el dibujo las partes más importantes de la bicicleta!

¿Y cómo se llama un velócipedo de tres ruedas?

84 Cara a cara

¿Qué significan estas expresiones con *cara*?

1. poner una cara larga
- **a)** estar desengañado[1]
- **b)** estar molesto

2. no dar la cara
- **a)** esconderse
- **b)** tener vergüenza[2]

3. tener mala cara
- **a)** ser feo
- **b)** estar enfermo

[1] **desengañar** enttäuschen
[2] **tener vergüenza** sich schämen

83 Das Fahrrad

Tragen Sie die wichtigsten Teile des Fahrrads in die Zeichnung ein!

Lenkstange	**manillar**
Bremse	**freno**
Licht	**faro**
Reifen	**neumático**
Kette	**cadena**
Schutzblech	**guardabarros**
Sattel	**sillín**
Rahmen	**cuadro**
Gepäckträger	**portaequipaje**

Und wie heißt ein Fahrrad mit drei Rädern?

▶ Lösung

triciclo Dreirad

84 Von Angesicht zu Angesicht

Was bedeuten die folgenden Ausdrücke mit ***cara*** *Gesicht*?

1. ein langes Gesicht ziehen
a) enttäuscht sein
b) verärgert sein

2. das Gesicht nicht geben
a) sich verstecken
b) sich schämen

3. ein schlechtes Gesicht haben
a) hässlich sein
b) krank sein

▶ Lösung

1. b) 2. a) 3. b)

85

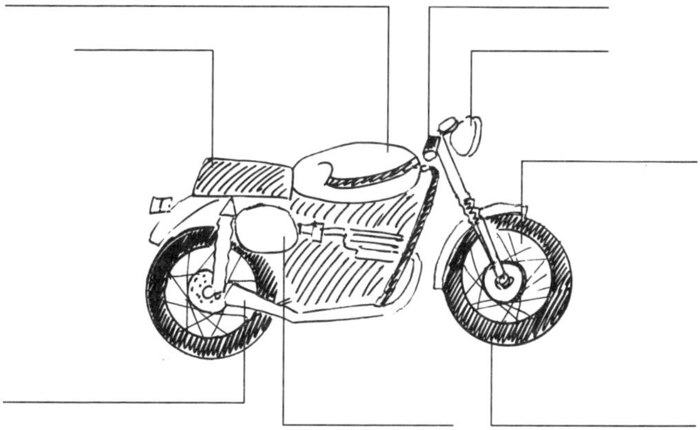

La motocicleta

¡Indique en el dibujo las partes más importantes de la motocicleta!

¿Y cómo se llama lo que uno lleva en la cabeza cuando conduce la motocicleta?

86 ¡Olé!

Muchos modismos españoles provienen, como es de esperar, del mundo de la corrida de toros.
¿Puede usted completar las siguientes frases?

1. Cuando alguien está en gran peligro se dice que anda en los ________ del toro.
2. Alguien que está muy deprimido anda de ________ caída
3. Cuando alguien observa algo pero no se mete[1], ve los toros desde la ______________.

[1] **meterse** sich einmischen

85 Das Motorrad

Tragen Sie die wichtigsten Teile des Motorrads in die Zeichnung ein!

Scheinwerfer	**faro**
Rad	**rueda**
Auspuff	**tubo de escape**
Reifen	**neumático**
Sattel	**sillín**
Vergaser	**carburador**
Kraftstofftank	**depósito de carburante**
Lenker	**manillar**

Und wie heißt das, was man beim Motorradfahren auf dem Kopf trägt?

▶ Lösung

casco de motorista Sturzhelm

86 Olé!

Viele spanische Redewendungen kommen – wie zu erwarten – aus der Welt des Stierkampfs.
Können Sie die folgenden Sätze ergänzen?

1. Wenn jemand sich in große Gefahr begibt, heißt es, er geht auf den Hörnern des Stieres.
2. Jemand, der sehr deprimiert ist, geht mit gesenkter Capa *(das rote Tuch des Stierkämpfers)*.
3. Wenn jemand etwas beobachtet, sich aber nicht einmischt, sieht er den Stieren von der Absperrung aus zu.

▶ Lösung

1. **andar en los cuernos del toro**	auf dem Pulverfass sitzen
2. **ir de capa caída**	den Kopf hängen lassen
3. **ver los toros desde la barrera**	sich aus einer Sache heraushalten

87 Comparaciones típicas

¿Puede completar las siguientes comparaciones?

1. No oyes nada.
   Eres ________ como una tapia[1].
2. María tiene siempre la última palabra. Es ________ como una lechuga[2].
3. Este pan viejo es ________ como el granito.
4. Este hombrote[3] es ________ como Goliat.

[1] **tapia** *f* Lehmwand [3] **hombrote** *m* grobschlächtiger Kerl
[2] **lechuga** *f* Blattsalat

88 Palabras mágicas

Erase una vez ... Así empieza la mayoría de los cuentos de hadas[1]. Pero también hay otras palabras mágicas que abren puertas al reino de las hadas[2] y de los gigantes.
¿Las entiende usted?

1. Había una vez ...
2. Cierto día ...
3. Hace mucho tiempo ...
4. En tiempos de Maricastaña ...

[1] **cuento** *m* **de hadas** Märchen
[2] **hada** *f* Fee

87 Typische Vergleiche

Können Sie die folgenden Vergleiche ergänzen?

1. Du hörst nichts. Du bist taub wie eine Wand.
2. Maria hat immer das letzte Wort. Sie ist frech wie ein Blattsalat.
3. Dieses alte Brot ist hart wie Granit.
4. Dieser Kerl ist stark wie Goliath.

▶ Lösung

1. sordo como una tapia	stocktaub
2. fresca como una lechuga	rotzfrech
3. duro como el granito	steinhart
4. fuerte como Goliat	bärenstark

Fresco heißt sowohl frisch als auch frech. Deshalb also der wortspielerische Vergleich mit dem Blattsalat, der wohl eher frisch als frech ist.

88 Zauberworte

Es war einmal ... So beginnen die meisten Märchen. Es gibt aber auch andere Zauberworte, die das Tor ins Reich der Feen und Riesen öffnen. Verstehen Sie sie?

▶ Lösung

1. Es war einmal ...
2. Eines Tages ...
3. Vor langer, langer Zeit ...
4. Es begab sich zu Maricastañas Zeiten ...

89 Peculiaridades[1] lingüísticas

En el uso de los pronombres personales hay en Latinoamérica dos fenómenos lingüísticos que se diferencian mucho del español peninsular.
¿De qué peculiaridades se trata?
¿Se reemplaza ...

1. ustedes por usted?
2. vosotros por ustedes?
3. tú por vos?
4. nosotros por nos?

[1] **peculiaridad** *f* Eigenart

90 Un año de 366 días

¿Cómo se llama un año de 366 días en español?

1. año largo
2. año bisiesto
3. año bisexto

89 Sprachliche Eigenarten

In der Verwendung der Personalpronomen gibt es in Lateinamerika zwei sprachliche Phänomene, die sich vom iberischen Spanisch stark unterscheiden.
Um welche Eigenarten handelt es sich?
Man ersetzt ...

1. **ustedes** durch **usted**?
2. **vosotros** durch **ustedes**?
3. **tú** durch **vos**?
4. **nosotros** durch **nos**?

▶ **Lösung**

2. und **3.**

! **Vosotros** wird in Lateinamerika nicht benutzt. Stattdessen wird von **ustedes** reger Gebrauch gemacht. Und da diese Form von **vuestras mercedes** Euer Gnaden stammt, klingt es sehr respektvoll.
Vor allem in Argentinien und Uruguay wird **tú** durch **vos** ersetzt und mit eigenen Verbalformen verwendet. Statt **tú bailas** du tanzt heißt es dann **vos bailás** und statt **tú eres** du bist **vos sos**.

90 Ein Jahr mit 366 Tagen

Wie heißt ein Jahr mit 366 Tagen auf Spanisch?

▶ **Lösung**

2. año bisiesto Schaltjahr

91

Una noche toledana

La última noche del año, la Nochevieja, se duerme muy poco en España. A medianoche es costumbre comer doce uvas, cuando las campanas anuncian el comienzo del Año Nuevo. Con cada campanada se come una uva. ¿Sabe usted qué nombre reciben esas uvas?

1. uvas bonitas
2. uvas del Año Nuevo
3. uvas de la suerte

92 El tiempo es oro

¡Mi reloj! ¡Qué mala suerte! Hace diez minutos lo tenía, ahora ya no lo tengo.

¿Qué pasó?

1. Yo he perdido diez minutos.
2. Yo no tengo tiempo.
3. Yo he perdido mi reloj.

91 Eine schlaflose Nacht

(wörtl.: Eine Nacht in Toledo)[1]

In der letzten Nacht des Jahres, der Silvesternacht, schläft man in Spanien sehr wenig. Um Mitternacht ist es Brauch, zwölf Trauben zu essen, wenn die Glocken den Beginn des neuen Jahres ankündigen. Mit jedem Glockenschlag isst man eine Traube. Wissen Sie, wie man diese Trauben nennt?

1. hübsche Trauben
2. Neujahrstrauben
3. Glückstrauben

[1] In Toledo gab es früher anscheinend viele Stechmücken, die den Schlaf empfindlich störten. Daher diese idiomatische Wendung.

► **Lösung**

3. uvas de la suerte Glückstrauben

Wie der Name schon sagt, sollen die *Glückstrauben* Glück bringen für das neue Jahr. Oft wird dieser Brauch unter freiem Nachthimmel gepflegt. In Madrid z.B. versammeln sich viele Menschen in der Silvesternacht an der **Puerta del Sol**, dem offiziellen Zentrum Madrids, essen gemeinsam ihre Trauben und stoßen mit **cava** *Sekt* auf das neue Jahr an.

92 Zeit ist Geld

(wörtl.: Zeit ist Gold)

Meine Uhr! So ein Mist! Vor zehn Minuten hatte ich sie noch, jetzt habe ich sie nicht mehr.

Was ist passiert?

1. Ich habe zehn Minuten verloren.
2. Ich habe keine Zeit.
3. Ich habe meine Uhr verloren.

► **Lösung**

3. Yo he perdido mi reloj.

93 Productos originarios del Nuevo Mundo

¿Ha pensado Ud. alguna vez como sería nuestra vida sin tomate, sin patatas y sin café? ¿Cómo reemplazaríamos el catchup? ¿Qué sería de los niños sin las deliciosas patatas fritas? ¿Qué sería de algunas personas, sin ese popular estimulante que necesitan por las mañanas apenas abren los ojos? Así podríamos seguir haciéndonos preguntas acerca de otros productos traídos de Latinoamérica. ¿Cuáles de los siguientes productos también vienen del Nuevo Mundo?

1. el mate
2. el arroz
3. el caucho
4. el cáñamo[1]
5. la amapola
6. el girasol
7. el maíz
8. el aceite de oliva

[1] **el cáñamo** der Hanf

94

La reclamación

– ¡Camarero, por favor!
– Dígame, don Alberto.
– ¿No podría freírme un poco más el pollo? ¡Se está comiendo la ensalada!

93 Produkte aus der Neuen Welt

Haben Sie schon einmal darüber nachgedacht, wie unser Leben ohne die Tomate wäre, ohne Kartoffeln und ohne Kaffee? Wie würden wir den Ketschup ersetzen? Was würde aus den Kindern ohne die leckeren Pommes Frites? Was würde aus den Menschen, die morgens dieses beliebte Genussmittel brauchen, kaum dass sie die Augen öffnen? So könnten wir fortfahren, uns über andere Produkte, die aus Lateinamerika gebracht wurden, Fragen zu stellen. Welche der folgenden Waren kommen ebenfalls aus der Neuen Welt?

1. der Mate-Tee
2. der Reis
3. der Kautschuk
4. der Hanf
5. der Mohn
6. die Sonnenblume
7. der Mais
8. das Olivenöl

▶ Lösung

1. el mate
3. el caucho
6. el girasol
7. el maíz

Reis, Hanf und Mohn stammen aus Asien, das Olivenöl aus dem Mittelmeerraum.

94 Beschwerde

– Herr Ober, bitte!
– Bitte sehr, Don Alberto, was wünschen Sie?
– Könnten Sie mir nicht das Hähnchen ein wenig mehr braten? Es ist gerade dabei, meinen Salat aufzuessen!

95 Gaspar, Melchor, Baltasar

Seguro que usted conoce a estos tres personajes de la Biblia. Son los tres Reyes de Oriente, que se ponen en marcha hacia Belén, donde ha nacido el Niño Jesús, para adorarle y traerle sus regalos. Su llegada al establo de Belén se festeja hasta hoy el 6 de enero de cada año. ¿Sabe usted cómo se llaman estos tres reyes en España?

1. los Reyes Santos
2. los Reyes Sabios
3. los Reyes Magos

96

Pregunta chistosa

Las cuatro paredes de una casa miran hacia el sur, alrededor de la casa corre un oso. ¿Qué color tiene este oso y por qué?

95 Kaspar, Melchior, Balthasar

Sicher kennen Sie diese drei Personen aus der Bibel. Es sind die drei Könige aus dem Morgenland, die sich auf den Weg nach Bethlehem machen, wo das Christkind geboren ist, um es anzubeten und ihm ihre Geschenke zu bringen. Ihre Ankunft im Stall zu Bethlehem wird bis heute am 6. Januar eines jeden Jahres gefeiert. Wissen Sie, wie diese drei Könige in Spanien heißen?

1. die Heiligen Könige
2. die Weisen Könige
3. die „Zauber"-Könige

► **Lösung**

3. los Reyes Magos

Feiertag ist zwar in Spanien auch der 6. Januar, die Ankunft der Könige wird allerdings mit Umzügen schon am Vorabend, also am 5. Januar, gefeiert.

96 Scherzfrage

Die vier Wände eines Hauses zeigen nach Süden. Um das Haus läuft ein Bär.
Welche Farbe hat er und warum?

► **Lösung**

El color es blanco, porque el único lugar, donde las cuatro paredes de una casa pueden mirar hacia el sur es el polo norte. Y los únicos osos allí son osos polares.

Seine Farbe ist weiß, weil der einzige Punkt, wo alle vier Wände eines Hauses nach Süden zeigen können, der Nordpol ist. Und die einzigen Bären dort sind die Eisbären.

97

Obras arquitectónicas famosas

Muchas ciudades se asocian automáticamente con un monumento arquitectónico. ¿En qué ciudad piensa Ud. con las siguientes obras arquitectónicas?

1. la Torre de Eiffel
2. la Puerta de Brandenburgo
3. la Torre inclinada
4. La Sagrada Familia
5. el Coliseo

98 Negro como boca de lobo

En español como en alemán hay expresiones idiomáticas con los colores *negro* y *blanco*. Pero no todas son iguales en las dos lenguas. ¿Conoce usted las expresiones equivalentes en alemán?

1. dar en el blanco
2. blanco y negro
3. verlo todo muy negro
4. tener la negra
5. ponerse negro
6. un trabajo negro

97 Berühmte Bauwerke

Viele Städte bringt man automatisch mit einem Baudenkmal in Verbindung. An welche Stadt denken Sie bei folgenden Bauwerken?

1. der Eiffelturm
2. das Brandenburger Tor
3. der Schiefe Turm
4. Die Heilige Familie
5. das Kolosseum

► Lösung

1. **París**
2. **Berlín**
3. **Pisa**
4. **Barcelona**
5. **Roma**

98 Schwarz wie die Nacht

(wörtl.: Schwarz wie das Maul eines Wolfes)

Im Spanischen gibt es wie im Deutschen idiomatische Wendungen mit den Farben *Schwarz* und *Weiß*. Aber nicht alle sind in beiden Sprachen gleich. Kennen Sie die entsprechenden Ausdrücke im Deutschen?

► Lösung

1. ins Schwarze treffen *(wörtl.:* ins Weiße treffen)
2. schwarz-weiß *(wörtl.:* weiß und schwarz)
3. schwarz sehen *(wörtl.:* alles sehr schwarz sehen)
4. ein Pechvogel sein *(wörtl.:* die Schwarze haben)
5. sich schwarz ärgern *(wörtl.:* schwarz werden)
6. Schwarzarbeit *(wörtl.:* eine schwarze Arbeit)

99 Mi hogar es mi castillo

Rellene los cuadros con las palabras buscadas. Al final obtendrá en la columna imprimida en negrilla, el nombre de unas "plantas grandes".

1. ahí se guarda el coche
2. en este cuarto uno se baña
3. aquí se puede cocinar
4. entrando a la casa está el ...
5. en esta habitación se come
6. por aquí se puede subir al segundo piso

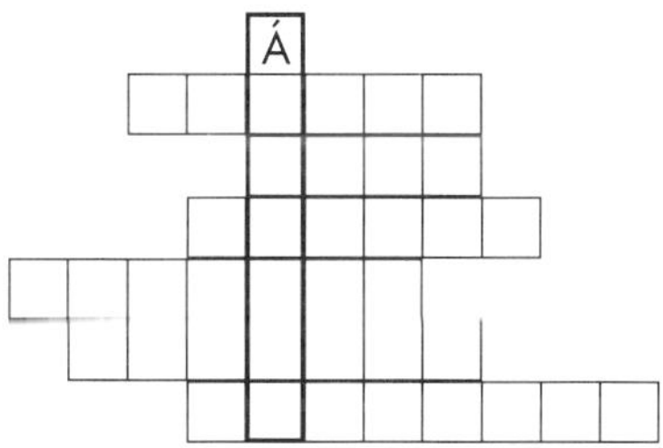

100 ¡Adivinemos!

¡Lea y adivine usted!

Estoy en Dios y en el mundo,
me tiene el oro dos veces;
en la plata yo no existo,
y no me tiene la muerte.
¿Qué es?

99 Mein Haus ist mein Schloss

Füllen Sie die Kästchen mit den gesuchten Wörtern. Zum Schluss erhalten Sie in der fettgedruckten Spalte die Bezeichnung für große Pflanzen.

1. dort stellt man das Auto ab
2. in diesem Zimmer badet man sich
3. hier kann man kochen
4. wenn man das Haus betritt, ist man im …
5. in diesem Zimmer isst man
6. hier kann man in den zweiten Stock hinaufgehen

▶ Lösung

1. ahí se guarda el auto
2. en este cuarto uno se baña
3. aquí se puede cocinar
4. entrando a la casa está el …
5. en esta habitación se come
6. por aquí se puede subir al segundo piso

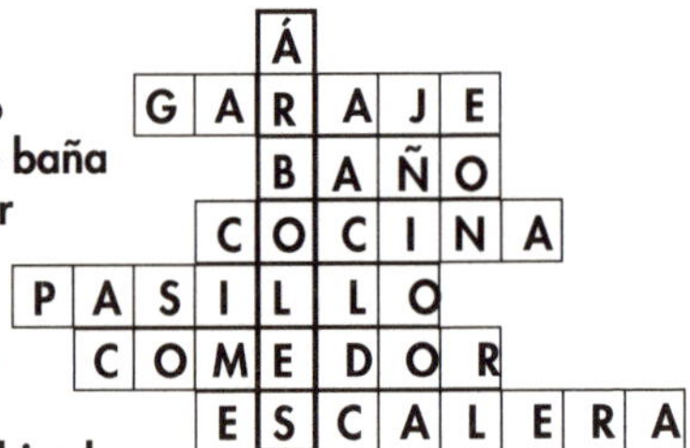

100 Raten wir mal!

Lesen und raten Sie!

Ich bin in Gott und in der Welt,
das Gold hat mich zweimal.
Im Silber komme ich nicht vor
und der Tod hat mich nicht.
Was ist das?

▶ Lösung

la letra *o* der Buchstabe *o*

101 Campeonato de fútbol

No tiene que ser usted mismo un campeón de fútbol para solucionar la siguiente tarea. Los españoles son una nación de aficionados al fútbol. Algunos equipos son muy conocidos. ¿Sabe usted nombrarlos según las ciudades a las cuales pertenecen? Le damos las ciudades y usted indica el nombre o los nombres de los equipos:

1. Barcelona ____________________
2. Madrid ____________________
3. Sevilla ____________________
4. Bilbao ____________________
5. San Sebastián ____________________

102 ¡Feliz Navidad!

Las tradiciones nacionales no se conservan eternamente. Con la europeización de España, algunas de las viejas costumbres han cambiado, otras se van perdiendo poco a poco y otras se importan de los países vecinos. Así sucede, por ejemplo, con la costumbre, relativamente nueva en España, de poner un árbol de Navidad. Porque, ¿sabría usted decirnos quién trae o traía tradicionalmente los regalos de Navidad para los niños y los adultos en España?

1. el Niño Jesús
2. el Papá Noel
3. los Reyes Magos

101 Fußballmeisterschaft

Sie müssen selbst kein Fußballstar sein, um die folgende Aufgabe lösen zu können. Die Spanier sind eine Nation von Fußballfans. Einige Mannschaften sind sehr bekannt. Können Sie sie nach den Städten, in denen sie spielen, benennen? Wir geben die Städte an, und Sie schreiben den oder die Namen der Mannschaften dazu:

► Lösung

1. **Fútbol Club Barcelona,** *fam.* **Barça; Real Club Deportivo Español**
2. **Real Madrid; Atlético de Madrid**
3. **Betis**
4. **Atlético de Bilbao**
5. **Real Sociedad**

102 Frohe Weihnachten!

Nationale Traditionen werden nicht ewig bewahrt. Mit der Europäisierung Spaniens verändern sich einige der alten Gebräuche; einige verlieren sich, und andere werden aus den Nachbarländern eingeführt. So ist der Brauch, einen Weihnachtsbaum aufzustellen, in Spanien relativ neu. Können Sie uns sagen, wer in Spanien traditionellerweise die Weihnachtsgeschenke für Kinder und Erwachsene bringt oder brachte?

1. das Christkind
2. der Weihnachtsmann
3. die Heiligen Drei Könige

► Lösung

3. **los Reyes Magos** die Heiligen Drei Könige

Bis vor wenigen Jahren bekam man in Spanien die Weihnachtsgeschenke erst am 5. Januar, also am Vortag des Dreikönigstages. Eine Bescherung am 24. Dezember wird aber heute immer populärer.

103 Bailando se goza la vida

La pasión de muchas personas es el baile, seguro que a Ud. también le gusta bailar. ¿Sabe Ud. cuáles de los siguientes bailes vienen de Latinoamerica?

1. el tango
2. el cha-cha-cha
3. la rumba
4. el flamenco
5. la samba

104 Otro rompecabezas

El siguiente rompecabezas tiene las mismas palabras vertical y horizontal.

1. partes del cuerpo que tienen dedos
2. carne asada
3. desierto en el sur de Africa
4. contrario de amar
5. donde se pone la carta

	1	2	3	4	5
1					
2					
3					
4					
5					

103 Tanzend genießt man das Leben

Tanzen ist das Hobby vieler Leute. Sicher tanzen Sie auch gern. Wissen Sie, welche der folgenden Tänze aus Lateinamerika stammen?

1. Tango
2. Cha-Cha-Cha
3. Rumba
4. Flamenco
5. Samba

▶ Lösung

1. el tango (de Argentina)
2. el cha-cha-cha (de Cuba)
3. la rumba (de Cuba)
5. la samba (de Brasil)

! Der Flamenco kommt aus Südspanien.

104 Noch ein Kreuzworträtsel

Das folgende Kreuzworträtsel hat horizontal und vertikal dieselben Wörter.

1. Körperteile mit Fingern
2. gebratenes Fleisch
3. Wüste im Süden von Afrika
4. Gegenteil von lieben
5. wo man den Brief hineinsteckt

	1	2	3	4	5
1					
2					
3					
4					
5					

▶ Lösung

1. **manos** Hände
2. **asado** Braten
3. **Namib**
4. **odiar** hassen
5. **sobre** Briefumschlag

105 Al buen entendedor, pocas palabras

Si Ud. está en un lugar de España o Latinoamérica, seguramente más de una vez va a oír entre otras, estas expresiones. ¿Sabe Ud. ya qué significan?

1. llover a cántaros
2. la mujer lleva los pantalones puestos
3. tener malas pulgas
4. ser un cero a la izquierda
5. no mover un dedo
6. echar una mano

a) ayudar
b) no servir para nada, ser inútil
c) no ayudar
d) llover mucho
e) la mujer es la que manda
f) tener mal carácter

106

Perro que ladra no muerde

Lea con atención la pequeña historia de Felipe y diga luego cuál de las alternativas es la cierta:

A Felipe cuando era niño lo mordió un perro, desde ese día tiene pánico a los perros. Hoy por fin ha perdido su miedo.

1. Felipe ha perdido su perro porque él tiene miedo.
2. Felipe no tiene miedo ahora a los perros.
3. Felipe nunca ha tenido miedo a los perros.

105 Wer rasch versteht, braucht keine lange Erklärung

Wenn Sie in Spanien oder Lateinamerika sind, werden Sie sicher mehr als einmal diese Ausdrücke hören. Wissen Sie schon, was sie bedeuten?

1. aus Kübeln regnen	**a)** helfen
2. die Frau hat die Hosen an	**b)** zu nichts taugen, unnütz sein
3. schlechte Flöhe haben	**c)** nicht helfen
4. eine Null auf der linken Seite sein	**d)** heftig regnen
5. keinen Finger rühren	**e)** die Frau hat das Sagen
6. eine Hand werfen	**f)** einen schlechten Charakter haben

▶ **Lösung**

1. d) 2. e) 3. f) 4. b) 5. c) 6. a)

106 Hunde, die bellen, beißen nicht

(wörtl.: Hund, der bellt, beißt nicht)

Lesen Sie aufmerksam die kleine Geschichte von Felipe und sagen Sie dann, welche der Alternativen wahr ist.

Felipe hat ein Hund gebissen, als er klein war. Seit diesem Tag hat er panische Angst vor Hunden. Heute endlich hat er seine Angst verloren.

1. Felipe hat seinen Hund verloren, weil er Angst hat.
2. Felipe hat jetzt keine Angst mehr vor Hunden.
3. Felipe hatte noch nie Angst vor Hunden.

▶ **Lösung**

2.

107 Primero son mis dientes que mis parientes

¡Adivine! No resulta muy difícil encontrar la solución.

Pienso y no sé lo que pienso
y en tanto pensar me vuelvo loca:
La suegra de la mujer de mi hermano
¿qué parentesco me toca?

108 Estaciones del año

Una española y un argentino hablan sobre las estaciones del año.

Española: ¿Cuántas estaciones tenéis?
Argentino: ¡Las cuatro estaciones!
Española: ¿Igual que aquí? O sea, que en septiembre empezáis con el otoño.
Argentino: Mira, es al revés. En septiembre comienza la primavera y ya en diciembre tenemos verano con altas temperaturas.
Española: Entonces el otoño comienza en abril...
Argentino: Sí, eso es.

Pregunta: Qué estación del año tiene Argentina en el mes de octubre?

107 Das Hemd ist mir näher als der Rock

(*wörtl.:* Zuerst sind meine Zähne, dann meine Verwandten)

Raten Sie! Es ist nicht sehr schwierig, die Lösung zu finden.

Ich denke und weiß nicht, was ich denke
und vor lauter Denken werde ich verrückt:
Die Schwiegermutter der Frau meines Bruders –
welche Verwandtschaft ist das für mich?

▶ Lösung

la propia madre die eigene Mutter

108 Jahreszeiten

Eine Spanierin und ein Argentinier sprechen über die Jahreszeiten.

Spanierin:	Wie viele Jahreszeiten habt ihr?
Argentinier:	Die vier Jahreszeiten!
Spanierin:	Genauso wie hier? Das heißt, im September beginnt der Herbst?
Argentinier:	Schau, es ist umgekehrt. Im September beginnt der Frühling, und im Dezember haben wir schon Sommer mit hohen Temperaturen.
Spanierin:	Dann beginnt der Herbst im April ...
Argentinier:	Ja, so ist es.

Frage: Welche Jahreszeit hat Argentinien im Monat Oktober?

▶ Lösung

En el mes de octubre, Argentina tiene primavera.
Im Monat Oktober ist in Argentinien Frühling.

109

Piense un rato sobre el pato y el gato

En una laguna está nadando un pato y sobre su cola esta sentado un gato. Si el pato se hunde, ¿se moja el gato?

110 Doña Fulana y Don Fulano

Muchos nombres españoles, tanto de mujer como de hombre, le resultan a un alemán un poco raros. Se trata en su mayoría de abreviaturas o derivados familiares. Mire los siguientes nombres, ¿conoce la forma completa de estas abreviaturas y derivados?

1. Pepe
2. Pili
3. Paco
4. Trini
5. Merche
6. Sol

109 Denken Sie eine Weile über die Ente und die Katze nach

In der Lagune schwimmt eine Ente, und auf ihrem Schwanz sitzt eine Katze. Wird die Katze nass, wenn die Ente untertaucht?

▶ Lösung

Ja und nein. Beide Möglichkeiten sind richtig. Mit **su cola** kann der Schwanz der Ente oder der Schwanz der Katze gemeint sein. Im ersten Fall wird die Katze natürlich nass, wenn die Ente untertaucht. Im anderen Fall sitzt die Katze auf dem eigenen Schwanz und nicht auf dem der Ente. Sie sitzt also wohlbehalten am Ufer und wird deshalb auch nicht nass, wenn die Ente untertaucht.

110 Herr und Frau Sowieso

Viele spanische Vornamen, Frauen- wie Männernamen, klingen für deutsche Ohren ein wenig seltsam. Es handelt sich in der Mehrzahl um Abkürzungen oder Koseformen. Sehen Sie sich die folgenden Vornamen an. Kennen Sie die vollständige Form dieser Kurz- und Koseformen?

▶ Lösung

1.	**Pepe**	→	**José**	Josef
2.	**Pili**	→	**Pilar**	Pfeiler
3.	**Paco**	→	**Francisco**	Franz
4.	**Trini**	→	**Trinidad**	Dreifaltigkeit
5.	**Merche**	→	**Mercedes**	Gnaden
6.	**Sol**	→	**Soledad**	Einsamkeit

Viele Frauennamen wie **Pilar, Mercedes, Soledad** oder **Dolores** sind ursprünglich eine Ergänzung zu **María**, d.h., sie bezeichnen verschiedene „Zustände" der Jungfrau (Einsamkeit **Soledad**, Schmerzen **Dolores** ...) oder ihre verschiedenen Erscheinungen auf dieser Welt, z.B. auf einer Säule **Pilar**, unter einer Kiefer **Pino**.

111 ¡Qué reunión más rara!

Imagine esta escena a media luz:
Un pirata le da la mano a una princesa con corona de oro. Un payaso baila con una hawaiana, y una bruja[1] persigue a un vaquero. En todas partes se escuchan tambores y por las calles pasan gigantones.
¿Qué reunión más extraña es ésta? ¿Dónde se encuentran todos estos personajes? ¿Lo ha adivinado usted ya?

[1] **la bruja** die Hexe

112

¡Qué animalada!

Lea usted un chiste sobre dos campesinos españoles. ¡Desde luego que uno de ellos, por lo menos, no es el más listo del pueblo!

Pepe: "¿Sabes, Manuel? Yo me acuesto todas las noches con las gallinas."
Manuel: "Yo, desgraciadamente, no puedo. Sólo tengo palomas."

111 Was für eine seltsame Versammlung!

Stellen Sie sich folgende Szene im Halbdunkel vor:
Ein Pirat gibt einer Prinzessin mit Goldkrone die Hand. Ein Clown tanzt mit einem Hawaiimädchen, und eine Hexe verfolgt einen Cowboy. Überall sind Trommeln zu hören, und durch die Straßen wandern Riesenfiguren.
Was ist das für eine merkwürdige Versammlung? Wo treffen sich all diese Figuren? Haben Sie es schon erraten?

▶ Lösung

en Carnaval im Karneval

All diese verkleideten Figuren treffen im Karneval (**el carnaval**) aufeinander, entweder auf einem Maskenball (**un baile de máscaras**) oder auf einem Umzug (**un desfile**).

! Der Karneval war in Spanien unter Franco verboten. Seit 1975 ist diese Tradition wieder aufgelebt. Die Karnevalsbräuche sind regional sehr verschieden. In einigen Gegenden ziehen Trommler nächtelang durch die Straßen, in anderen werden Riesenfiguren (**gigantes, gigantones** oder **cabezudos** *Riesenköpfe*) aus Pappmaché in einem Umzug durch die Straßen getragen.

112 Eselei

Lesen Sie einen Witz über zwei spanische Bauern. Zumindest einer von ihnen scheint nicht gerade der Klügste zu sein:

Pepe: „Hör mal, Manuel. Ich gehe jeden Abend mit den Hühnern schlafen."

Manuel: „Das kann ich leider nicht. Ich habe nämlich nur Tauben."

113

¡Qué susto!

Carlitos está jugando con sus cochecitos en el cuarto de estar mientras sus padres preparan la cena. De repente se oye un ruido tremendo. La mamá y el papá corren al cuarto de estar y allí encuentran a Carlitos, sentado en el suelo y a su lado el florero grande, roto en mil pedazos.
Escuche usted lo que dicen las tres personas sobre lo ocurrido y averigüe cuál es la diferencia entre sus afirmaciones:

1. El padre dice: "Lo ha roto".
2. La madre dice: "Se le ha roto".
3. Carlitos dice: "Se ha roto".

114 Trabalenguas

Pedro Pablo Pérez Pereira
pobre pintor portugués
pinta pinturas por poca plata[1]
para pasear por París

[1] In Lateinamerika sagt man statt **dinero** (Geld) meist **plata** (Silber).

113 Was für ein Schrecken!

Carlitos spielt im Wohnzimmer mit seinen Autos, während die Eltern das Abendessen vorbereiten. Plötzlich hört man einen schrecklichen Krach. Mutter und Vater laufen ins Wohnzimmer und finden dort Carlitos, am Boden sitzend, und neben ihm die große Vase, die in tausend Stücke zerbrochen ist.
Hören Sie, was die drei Personen zur Sache sagen, und finden Sie heraus, worin der Unterschied zwischen ihren Aussagen besteht:

1. Der Vater sagt: „Er hat sie kaputtgemacht."
2. Die Mutter sagt: „Sie ist ihm kaputtgegangen."
3. Carlitos sagt: „Sie ist kaputtgegangen."

▶ Lösung

1. Der Vater beschuldigt Carlitos, die Vase zerbrochen zu haben.
2. Für die Mutter hat Carlitos die Vase ohne Absicht beim Spiel zerbrochen.
3. Carlitos sagt, die Vase sei ohne sein Zutun zerbrochen.

114 Zungenbrecher

Pedro Pablo Pérez Pereira
armer portugiesischer Maler
malt Bilder für wenig Geld
um durch Paris zu spazieren

115 ¡Siga las pistas!

No tiene valor pincharse el lunes, por apuro, la oreja en el rosal. Mejor llene el siguiente rompecabezas, que tiene las mismas palabras vertical y horizontal.

1. el oro tiene mucho ...
2. prisa en Latinoamerica
3. un día de la semana
4. parte del cuerpo para oír
5. da lindas flores

	1	2	3	4	5
1					
2					
3					
4					
5					

116 Bicherío[1]

La mala hierba y los bichos son los enemigos de las personas que tienen un jardín. Hay remedios naturales o químicos que se emplean contra esos enemigos. Lea como la pareja del siguiente chiste resuelve su problema con los bichos:

– Roberto, vete a comprar algo para los pulgones[2], que ayer ya se comieron las rosas.
– ¿Y qué les traigo, Isabel? ¿Una begonia?

[1] **el bicherío o el bicho** Ungeziefer
[2] **el pulgón** Blattlaus

115 Folgen Sie den Spuren!

Es hat keinen Wert, sich aus Eile am Montag die Ohren am Rosenstrauch zu stechen. Besser füllen Sie das folgende Kreuzworträtsel aus, das horizontal und vertikal dieselben Wörter enthält.

1. das Gold hat viel ...
2. Eile in Lateinamerika
3. ein Wochentag
4. Körperteil zum Hören
5. gibt hübsche Blumen

	1	2	3	4	5
1					
2					
3					
4					
5					

► Lösung

1. valor Wert
2. apuro Eile
3. lunes Montag
4. oreja Ohr
5. rosal Rosenstrauch

116 Ungeziefer

Unkraut und Ungeziefer sind die Feinde der Leute, die einen Garten besitzen. Es gibt natürliche oder chemische Mittel, die gegen diese Feinde eingesetzt werden. Lesen Sie, wie das Paar aus dem folgenden Witz sein Problem mit dem Ungeziefer löst:

– Roberto, geh und kauf etwas für die Blattläuse! Sie haben gestern bereits die Rosen aufgefressen.

– Und was soll ich für sie mitbringen, Isabel? Eine Begonie?

117

Un bicho raro

Tal vez sabe usted que un *bicho* es un animal pequeño, en general no muy amado. La palabra se usa, por ejemplo, para designar un insecto como la mosca o el mosquito. *Bicho raro* se llama a una persona extraña, con gustos raros. Partiendo de estas expresiones, ¿adivina usted qué quiere decir el siguiente refrán?

Bicho malo nunca muere.

118 Casque las nueces

Llene el siguiente puzzle, que tiene las mismas palabras vertical y horizontal:

	1	2	3	4	5
1					
2					
3					
4					
5					

1. provocar, insultar
2. primer mes
3. las arañas hacen ...
4. insecto que produce telas
5. las flores del rosal

117 Ein komischer Kauz

(wörtl.: ein seltsames Tierchen)

Sie wissen vielleicht, dass **bicho** ein Tierchen ist, das in der Regel nicht besonders geliebt wird. Man verwendet das Wort zum Beispiel für ein Insekt wie die Fliege oder die Stechmücke. Ein **bicho raro** ist eine seltsame Person mit merkwürdigen Vorlieben. Erraten Sie, ausgehend von diesen Ausdrücken, was die folgende Redewendung bedeutet?

Bicho malo nunca muere.

▶ Lösung

Unkraut vergeht nicht *(wörtl.:* Ungeziefer stirbt nie).

118 Knacken Sie die Nuss

Füllen Sie das folgende Kreuzworträtsel aus, das horizontal und vertikal dieselben Wörter hat:

1. herausfordern, schimpfen
2. der erste Monat
3. Spinnen machen ...
4. Insekt, das Netze webt
5. die Blumen des Rosenstrauchs

	1	2	3	4	5
1					
2					
3					
4					
5					

▶ Lösung

1. **retar** herausfordern, schimpfen
2. **enero** Januar
3. **telas** Stoffe, Spinnennetze
4. **araña** Spinne
5. **rosas** Rosen

119

El firmamento

Lea esta adivinanza. ¿Encuentra Ud. la solución?

En medio del cielo estoy,
sin ser lucero ni estrella;
no soy sol ni luna bella,
adivinen lo que soy.

120 Olla podrida

Seguro que usted ha estado ya alguna vez en un restaurante español. ¿Se acuerda del menú? ¿Bajo qué término general podríamos resumir los diferentes comestibles que mencionamos a continuación? ¡Piense en las rúbricas del menú!

1. cordero – conejo – pollo – cerdo – vaca
2. flan – helado – tarta de manzana – fruta
3. café – té – chocolate – manzanilla
4. limonada – naranjada – zumo de melocotón – gaseosa
5. vino – cerveza – jerez – ron – ginebra
6. consomé – juliana – crema de espárragos – gazpacho

119 Der Sternenhimmel

Lesen Sie dieses Rätsel. Finden Sie die Lösung?

Mitten am Himmel bin ich,
bin nicht Abendstern oder ein anderer Stern.
Bin weder Sonne noch der schöne Mond.
Raten Sie, was ich bin.

▶ Lösung

la letra *e* der Buchstabe *e*

120 Eintopf

(*wörtl.*: verfaulter, verdorbener Topf)

Sicher sind Sie schon in einem spanischen Restaurant gewesen. Erinnern Sie sich an die Speisekarte? Unter welchem Oberbegriff könnten wir die verschiedenen Lebensmittel erfassen, die wir im Folgenden anführen? Denken Sie an die Einteilungen auf der Speisekarte!

1. Lamm – Kaninchen – Huhn – Schwein – Rind
2. Pudding – Eis – Apfeltorte – Obst
3. Kaffee – Tee – Schokolade – Kamillentee
4. (Zitronen-)Limonade – Orangenlimonade – Pfirsichsaft – Limonade
5. Wein – Bier – Sherry – Rum – Gin
6. Bouillon – Gemüsesuppe – Spargelcremesuppe – Gazpacho

▶ Lösung

1. **carne** *f*	Fleisch
2. **postre** *m*	Nachtisch
3. **bebidas calientes**	warme Getränke
4. **refrescos**	kalte Getränke (*wörtl.*: erfrischende Getränke)
5. **bebidas alcohólicas**	alkoholische Getränke
6. **sopas**	Suppen

121 Deletrear

Una adivinanza para listos: ¿Cómo se llama este señor?

Antonio Navarra Gerona Enrique Lorenzo Ramón Ulises Inés Zaragoza

122 Para expertos en rompecabezas

Llene el siguiente puzzle, que tiene las mismas palabras vertical y horizontal.

1. persona que escribe versos
2. decorar
3. en medio de dos cosas
4. labor, deber, trabajo
5. terrenos, zonas

	1	2	3	4	5
1					
2					
3					
4					
5					

121 Buchstabieren

Ein Rätsel für Schlaue: Wie heißt dieser Herr?

Antonio **N**avarra **G**erona **E**nrique **L**orenzo **R**amón **U**lises **I**nés **Z**aragoza.

▶ Lösung

ANGEL RUIZ
Der Name ergibt sich aus den Anfangsbuchstaben der Wörter aus dem spanischen Buchstabieralphabet.

122 Für Kreuzworträtsel-Experten

Füllen Sie das folgende Kreuzworträtsel aus, das horizontal und vertikal dieselben Wörter hat.

1. Mensch, der Verse schreibt
2. dekorieren
3. in der Mitte von zwei Sachen
4. Aufgabe, Pflicht, Arbeit
5. Flächen, Gebiete

	1	2	3	4	5
1					
2					
3					
4					
5					

▶ Lösung

1. **poeta** Dichter
2. **ornar** verzieren
3. **entre** zwischen
4. **tarea** Aufgabe
5. **áreas** Flächen, Gebiete

123 Se me hace agua la boca

A seguir le damos una lista de algunas comidas típicas españolas. Pero hemos separado los comestibles de los que se hacen las comidas y la manera de prepararlos. Su tarea es de combinar los dos elementos correctamente:

1. pollo	**a)** rellenos
2. gambas	**b)** milanesa
3. patatas	**c)** asado
4. boquerones	**d)** al ajillo
5. champiñones	**e)** fritas
6. escalope	**f)** al vinagre

124

El gallego

En Latinoamérica hay muchos chistes sobre los españoles. En ellos, que no siempre son muy buenos, los españoles se llaman "gallegos". Los "gallegos" de los chistes son comparables a los habitantes de la Frisia del este de ciertos chistes alemanes.

Un gallego va por primera vez al banco a cobrar un cheque.
En la ventanilla la empleada le pregunta:
"¿Cómo quiere que le dé el dinero?"
Después de pensarlo un rato el gallego dice:
"Pues, yo alargo la mano y usted me lo pone en ella. ¿Vale?"

123 Mir läuft das Wasser im Munde zusammen

Im Folgenden nennen wir Ihnen einige typische spanische Gerichte. Aber wir haben die Lebensmittel, aus denen die Speisen gemacht werden, und die Zubereitungsart voneinander getrennt. Ihre Aufgabe ist es, die beiden Elemente richtig zusammenzusetzen:

1. Hähnchen	**a)** gefüllt
2. Scampi	**b)** paniert *(wörtl.:* auf Mailänder Art)
3. Kartoffeln	**c)** gebraten
4. Sardellen	**d)** in Knoblauch
5. Champignons	**e)** fritiert
6. Schnitzel	**f)** in Essig (und Öl)

► **Lösung**

1. c) **pollo asado**
2. d) **gambas al ajillo**
3. e) **patatas fritas**
4. f) **boquerones en vinagre**
5. a) **champiñones rellenos**
6. b) **escalope milanesa**

124 Der Galicier

In Lateinamerika gibt es viele Witze über die Spanier. In diesen Witzen, die nicht immer sehr gelungen sind, heißen die Spanier alle **gallegos** *Galicier*. Die **gallegos** der Witze sind den Einwohnern von Ostfriesland in bestimmten deutschen Witzen vergleichbar.

Ein **gallego** geht zum ersten Mal in eine Bank, um einen Scheck einzulösen. Die Angestellte am Schalter fragt ihn:
„Wie soll ich Ihnen das Geld geben?"
Nachdem er eine Weile nachgedacht hat, sagt der **gallego**:
„Also, ich strecke die Hand aus, und Sie legen es mir drauf. Okay?"

125

La pequeña historia del té

Se dice que después del agua, el té es la bebida más consumida del mundo.
Con un poquito de fantasía puede imaginarse la siguiente versión, de cómo se descubrió el té:
El emperador de China Sheng Tung *dio* orden de que sólo se bebiera agua hervida para luchar mejor contra las enfermedades infecciosas. Un día el emperador dio un paseo por el bosque, *tuvo* sed, *pidió* agua y, mientras se la hervían, una brisa *dejó* caer en su taza unas hojas de un arbusto. En ese momento, un aroma delicado *abrió* paso al descubrimiento del té.

¿Puede Ud. formar el infinitivo de los verbos que están en cursiva?

126 Los meses

En España se dice que las naranjas son buenas solamente en los meses que contienen en su nombre una "r".

1. ¿En qué meses son buenas las naranjas?

En ____

2. ¿En qué meses no son buenas?

En ____

125 Die kleine Geschichte vom Tee

Man sagt, dass Tee nach dem Wasser das meistkonsumierte Getränk der Welt ist. Mit ein bisschen Phantasie kann man sich folgende Geschichte vorstellen, wie man den Tee entdeckt hat: Der chinesische Kaiser Sheng Tung *gab* den Befehl, nur abgekochtes Wasser zu trinken, um Infektionskrankheiten besser zu bekämpfen. Eines Tages machte der Kaiser einen Spaziergang durch den Wald. Er *hatte* Durst, *bat* um Wasser, und während sie es ihm kochten, *ließ* eine Brise einige Blätter eines Strauches in seine Tasse fallen. In diesem Moment *öffnete* ein zartes Aroma den Weg zur Entdeckung des Tees.

Können Sie den Infinitiv der *kursiv* geschriebenen Verben bilden?

▶ **Lösung**

dio	**<**	**dar**	geben
tuvo	**<**	**tener**	haben
pidió	**<**	**pedir**	bitten
dejó	**<**	**dejar**	lassen
abrió	**<**	**abrir**	öffnen

126 Die Monate

In Spanien sagt man, dass die Orangen nur in den Monaten gut sind, die ein „r" in ihrem Namen haben.

1. In welchen Monaten sind die Orangen gut?

____

2. In welchen Monaten sind sie nicht gut?

____

▶ **Lösung**

1. **En enero, febrero, marzo, abril, septiembre, octubre, noviembre y diciembre.**
2. **En mayo, junio, julio y agosto.**

127 ¿Evidente?

Elija la palabra que completa correctamente la frase.

1. A los conejos les gusta mucho comer ______________.
a) carotas
b) zanahorias

2. La fruta preferida del mono es ______________.
a) el plátano
b) la banana

3. Las ______________ se hacen de uvas secas.
a) pasas
b) rosinas

4. La ______________ es el fruto del árbol llamado olivo.
a) oliva
b) aceituna

128 Teñido de rojo

Cuando una persona tiene vergüenza, porque ha cometido algún error o ha hecho algo mal, puede pasar que enrojezca. En alemán uno se pone "rojo como un tomate". En español la comparación es otra. ¿Cómo se pone un español cuando se pone "rojo"?

1. rojo como un cangrejo
2. rojo como el fuego
3. rojo como una amapola

127 Nahe liegend?

Wählen Sie das Wort, das den Satz korrekt vervollständigt.

1. Hasen essen gern Karotten.
2. Die Lieblingsfrucht des Affen ist die Banane.
3. Rosinen macht man aus trockenen Trauben.
4. Die Olive ist die Frucht des Ölbaums.

► Lösung

1. **A los conejos les gusta mucho comer zanahorias.**
2. **La fruta preferida del mono es el plátano.**
3. **Las pasas se hacen de uvas secas.**
4. **La aceituna es el fruto del árbol llamado olivo.**

! Viele spanische Wörter haben einen ähnlichen Wortstamm wie deutsche Wörter. So kann man oft die Übersetzung eines deutschen Wortes ins Spanische schon vermuten, z.B. bei *der Moment* **el momento**. Die obigen Beispiele jedoch zeigen, dass hier Vorsicht geboten ist. Die Wörter *carotas* und *rosinas* existieren im Spanischen überhaupt nicht. **Banana** und **oliva** werden nur regional begrenzt verwendet. Die gebräuchlicheren Wörter sind **plátano** und **aceituna**.

128 Rot gefärbt

Wenn jemand sich schämt, weil er einen Fehler gemacht oder etwas Schlimmes angestellt hat, kann es sein, dass er rot wird. Im Deutschen läuft man rot an „wie eine Tomate". Im Spanischen ist der Vergleich ein anderer. Wie wird ein Spanier, wenn er „rot" wird?

1. krebsrot
2. feuerrot
3. rot wie Klatschmohn

► Lösung

3. rojo como una amapola

129 El café: Un amargo placer

¿Sabía Ud. que las principales regiones de cultivo de café están en Brasil, Colombia, Indonesia, México, El Salvador y la Costa de Marfil?
Y a propósito de café. Imagínese que usted está en España, ¿cómo pediría un café? ¡Cuidado, que hay variedades! Mire la siguiente lista:

café con leche
café descafeinado
café irlandés
café solo
café con hielo
(café) cortado
carajillo

Por cierto: ¿Qué contiene el carajillo?

129 Kaffee: ein bitterer Genuss

Wussten Sie, dass die Hauptanbaugebiete von Kaffee Brasilien, Kolumbien, Indonesien, Mexiko, El Salvador und die Elfenbeinküste sind?
Apropos Kaffee: Stellen Sie sich vor, Sie sind in Spanien. Wie würden Sie einen Kaffee bestellen? Vorsicht, es gibt eine Vielzahl! Schauen Sie sich die folgende Liste an.

Milchkaffee
koffeinfreier Kaffee
Irish Coffee
Espresso
Eiskaffee
Espresso mit einem Schuss Milch
carajillo

Übrigens: Was ist in einem **carajillo**?

▶ Lösung

Carajillo ist ein Espresso mit einem Schuss Kognak.

In vielen Gegenden Spaniens, vor allem im Süden, gibt es zwei Arten von Milch für den Kaffee: **leche natural**, normale Kuhmilch, und **leche condensada**, sehr stark eingedickte, gezuckerte Kondensmilch. Wenn Sie **un cortado** bestellen, sollten Sie auch dazu sagen, wie Sie ihn möchten.

130 Patatas rellenas

Ingredientes para 4 personas:
4 patatas medianas
1 cebolla mediana picada, 1 cucharada sopera de aceite
50 gr. de champiñones cortados
15 gr. de margarina, 120 cl. de leche
175 gr. de pechuga de pollo cocida y picada
2 cucharadas sopera de perejil picado

Las 4 patatas úntelas con aceite y póngalas en el horno precalentado a 190 grados más o menos 90 minutos. Saque la carne de las patatas tan cuidadosamente que no se rompa la piel. Saltee la cebolla en aceite. Añada los champiñones y cocine unos tres minutos. Después agregue el pollo. Triture la carne de las patatas con la margarina y la leche, y luego mezcle todos los ingredientes. Rellene las cáscaras de las patatas vacías. Póngalas al horno durante 10 minutos a 180 grados. ¡Buen apetito!

A propósito de patatas: ¿cómo pelaban las patatas los españoles en la Edad Media?

130 Gefüllte Kartoffeln

Zutaten für 4 Personen:
4 mittlere Kartoffeln
1 mittlere, gehackte Zwiebel, 1 EL Öl
50 g geschnittene Champignons
15 g Margarine, 120 cl Milch
175 g gekochte und zerkleinerte Hühnerbrust
2 EL gehackte Petersilie

Bestreichen Sie die 4 Kartoffeln mit Öl, und geben Sie sie für etwa 90 Minuten in den auf 190 Grad vorgeheizten Backofen. Entfernen Sie das Innere der Kartoffel so vorsichtig, dass die Haut nicht einreißt. Dünsten Sie die Zwiebel in Öl. Fügen Sie die Champignons hinzu, und lassen Sie sie 3 Minuten kochen. Geben Sie das Hühnerfleisch hinzu. Zerdrücken Sie das Kartoffelinnere zusammen mit der Margarine und der Milch, und mischen Sie alle Zutaten. Füllen Sie damit die ausgehöhlten Kartoffeln. Geben Sie sie bei 180 Grad für 10 Minuten in den Backofen. Guten Appetit!

Übrigens: Wie schälten die Spanier im Mittelalter Kartoffeln?

▶ Lösung

Überhaupt nicht: Die Kartoffel kam erst nach der Entdeckung Amerikas nach Europa.

131 Cuentos de hadas

A todos, cuando éramos niños, seguro que nos han leído o contado cuentos. Si puede acordarse de ellos todavía, le será muy fácil reconocer el nombre del cuento siguiendo las pistas.

1. la manzana envenenada, el espejo, los enanitos
2. el zapato perdido, el príncipe, la madrastra[1], las dos hermanastras[2]
3. el lobo malo, la abuelita, el bosque, el cazador
4. de aquí viene la frase mágica "ábrete Sésamo"
5. el gato, un par de botas rojas, el rey, el hijo del molinero

a) La caperucita roja
b) Alí Babá y los cuarenta ladrones
c) La cenicienta
d) El gato con botas
e) Blancanieves y los siete enanitos

[1] **la madrastra** die Stiefmutter
[2] **la hermanastra** die Stiefschwester

131 Märchen

Als wir Kinder waren, hat man uns sicher allen Märchen vorgelesen oder erzählt. Wenn Sie sich noch gut daran erinnern können, wird es sehr einfach sein, den Namen des Märchens anhand der Hinweise zu finden.

1. der vergiftete Apfel, der Spiegel, die Zwerge
2. der verlorene Schuh, der Prinz, die Stiefmutter, die Stiefschwestern
3. der böse Wolf, die Großmutter, der Wald, der Jäger
4. hieraus stammt das Zauberwort „Sesam, öffne dich"
5. die Katze, ein Paar rote Stiefel, der König, der Müllerssohn

a) Rotkäppchen
b) Ali Baba und die vierzig Räuber
c) Aschenputtel
d) Der gestiefelte Kater
e) Schneewittchen und die sieben Zwerge

▶ Lösung

1. e) 2. c) 3. a) 4. b) 5. d)